George Augustin / Rainer Kögel / Ingo Proft (Hg.)

WIRTSCHAFTLICHES HANDELN
IN CHRISTLICHER VERANTWORTUNG

Allen, die wertorientiert handeln.

Wir danken dem Kardinal Walter Kasper Institut und
der Stiftung Familienunternehmen.

Stiftung
Familienunternehmen

KARDINAL WALTER KASPER INSTITUT
THEOLOGIE · ÖKUMENE · SPIRITUALITÄT

ETHIK institut
VALLENDAR TRIER

George Augustin /
Rainer Kögel /
Ingo Proft (Hg.)

WIRTSCHAFTLICHES HANDELN
IN
CHRISTLICHER VERANTWORTUNG

HERDER

FREIBURG · BASEL · WIEN

Originalausgabe
© Verlag Herder GmbH, Freiburg im Breisgau 2020
Alle Rechte vorbehalten
www.herder.de

Umschlaggestaltung: Christian Langohr, Freiburg
Satz: Barbara Herrmann, Freiburg
Herstellung: CPI books GmbH, Leck

Printed in Germany

ISBN 978-3-451-38816-3

Inhalt

II.
Soziale Marktwirtschaft – ein Erfolgsmodell

III.
Ethische Maßstäbe in der Finanzwirtschaft

Einleitung

Der Mensch braucht die Wirtschaft für sein leibliches Wohl und die Religion für sein seelisches Wohlergehen. Wirtschaft und Glaube sind komplementär, Leib und Seele stehen in einer lebendigen Beziehung zueinander. Das wirtschaftliche Handeln trägt somit Sorge für die elementaren und existenziellen Bedürfnisse der Menschen. Gelebter Glaube sorgt sich begleitend um Grundhaltungen und Werte im wirtschaftlichen Leben und Handeln.

Die christliche Botschaft des Lebens bietet uns damit ganz konkret eine umfassende Grundlage zum Aufbau einer menschendienlichen Wirtschaft und dadurch einer gerechteren Gesellschaft. Gott, als Schöpfer des Lebens und aller Lebensbedingungen, beruft jeden Menschen nach seinem Vorbild, die eigenen Talente schöpferisch und kreativ für das Individual- und Gemeinwohl einzusetzen und so zum Gelingen des Lebens aller Menschen beizutragen. Eine Wirtschaft mit menschlichem Antlitz dient dem ganzheitlichen Wohl der Menschen, der Einzelne dem Ganzen und das Ganze dem Einzelnen. Das bedeutet: Alle müssen gemeinsam verantwortungsvoll für eine ganzheitliche wirtschaftliche Entwicklung sorgen, damit alle daran auch gemeinsam teilhaben können. Dabei gilt es ein Gleichgewicht zu halten zwischen der Individualität des Einzelnen und dem Wohl der Gemeinschaft.

Für das wirtschaftliche Handeln ist es von großer Bedeutung, global zu denken und lokal zu handeln. Es ist daher entscheidend, das Ganze der Wirklichkeit im Blick zu haben, auch

wenn wir nur Teile verwirklichen können. Globale Wert-
maßstäbe und lokale Erfordernisse bedingen einander. Alle Formen menschlicher Egoismen müssen aus religiöser Perspektive
selbstkritisch überprüft werden. Der Glaube bietet dazu ethische Maßstäbe und so Orientierung für das wirtschaftliche
Handeln. Als Mitarbeiter Gottes übernimmt der Mensch Verantwortung für sich selbst, für den Mitmenschen und vor Gott.
Der Mensch ist gerufen, Rechenschaft abzulegen für seine
Talente und das damit ermöglichte Handeln.

Wenn wir im Licht des Glaubens wirtschaftliches Leben und
Handeln deuten und gestalten, dann kann sich auch eine Ökonomie mit menschlichem Antlitz entwickeln. Die vom Glauben
geprägte Perspektive vermag die notwendigen Gesetze des erfolgreichen Wirtschaftens zu einer nachhaltigen, gemeinwohlorientierten Entwicklung der Wirtschaft zu führen. Dabei zeigt
sich immer wieder, wie fragil die Weltwirtschaft ist – gerade in
Zeiten von Pandemien und Krisen. Deshalb ist es bleibend aktuell, eine weitsichtige und kluge Wirtschaft aus der Perspektive
des Glaubens zu entfalten. Die Soziallehre in der Tradition der
christlichen Kirchen widerspricht nicht einer lebensdienlichen
Marktwirtschaft. Im Gegenteil dient sie vielmehr einem verantwortlichen Unternehmertum und fördert Eigeninitiative. Mehr
noch, der Glaube dient einer ganzheitlichen Kultivierung der
Wirtschaft.

Die Kirche darf sich dabei insgesamt als Gemeinschaft aller
Gläubigen nicht wie eine politische Partei in die praktische Gestaltung der Wirtschaft einmischen, sonst verliert sie ihren von
Gott gegebenen Auftrag. Vielmehr kann und soll sie geistige
Orientierung und ethische Leitlinien geben. Besonders von
Amtsträgern und Dienstnehmern in der Kirche ist gefordert,
dass sie die Gesetze des Wirtschaftens respektieren und ein Verständnis für die vielfältigen Herausforderungen der in der Wirtschaft handelnden Personen zeigen. Oftmals sind die Grenzen
zwischen einem moralischen Gerechtigkeitsempfinden und

„Sozialneid" fließend. Es gilt dabei die wirtschaftliche Rationalität und die Grundwerte des christlichen Glaubens zusammen zu denken. Deshalb bedarf es einer kritischen Reflexion und einer verantwortungsorientierten Unterscheidung. Diese Komplementarität von Religion und Wirtschaft neu zur Sprache zu bringen, ist ein bleibender Auftrag für diejenigen, die der Wirtschaft und der Religion Gestalt geben.

Dieser Aufgabe stellen sich die Autoren dieses Buches aus ihren vielfältigen Erfahrungen und unterschiedlichen Lebenskontexten. Die vorliegenden Beiträge bieten Ermutigungen und Impulse zu einem wirtschaftlichen Handeln aus christlicher Verantwortung. Die Sinnhaftigkeit wirtschaftlichen Handelns zu erkennen und eine neue bewusste Wertschätzung für die Notwendigkeit einer lebensdienlichen Wirtschaft zu ermöglichen, stellen ein besonderes Anliegen des vorliegenden Buches dar. Wir hoffen, die Beiträge mögen vielen Menschen wertvolle Anregungen bieten, Wirtschaft und Glaube in ihrer bleibenden Komplementarität zu erkennen und zu gestalten in Verantwortung vor Gott, den Mitmenschen und sich selbst.

Vallendar, Stuttgart
Am Fest „Erntedank" 2020   *Die Herausgeber*

I.
Unternehmen in christlicher Perspektive

George Augustin

Erfolgreich Wirtschaften aus christlicher Perspektive[1]

Hinführung

Ist die Kirche ein Gegner der Reichen und der Wirtschaft? Oft fühlen wohlhabende Menschen sich von der Kirche wegen ihres Besitzes angegriffen und ausgeschlossen. Oft entsteht der Eindruck, dass die Kirche die Reichen nur kritisiert, wenn sie von ihrer bevorzugten Option für die Armen redet. Oft erweckt dies bei den Wohlhabenden den Eindruck: „Die Kirche will nur unser Geld, aber ansonsten hat sie nicht viel für uns übrig." Solche Wahrnehmungen werden von kirchlicher Seite verstärkt durch manche ideologieverhafteten Predigten, Reden und Stellungnahmen. Oft werden anständige Wirtschaftsleistungen und soziales Engagement vieler Unternehmerpersönlichkeiten von kirchlichen Repräsentanten nicht anerkannt und geschätzt. Oft werden die Wirtschaftsleute verdächtigt, dass sie irgendwie in der Gemeinheit und Niederträchtigkeit leben oder skrupellose und gierige Egoisten sind.

Solche Einstellungen sind in der Bevölkerung weit verbreitet, oft jedoch verbunden mit wenig Sachkenntnis von der Komplexität des heutigen Wirtschaftssystems. Wenn man die Sorgen und Sachzwänge der Unternehmer nicht wirklich kennt, sollte man nicht leichtfertig über sie urteilen. Dass es wirtschaftskritische Aussagen in der Kirche gibt, bedeutet nicht, dass die Kir-

---

[1] Erstveröffentlichung im Adlerstein Verlag 2016, Abdruck in leicht veränderter Fassung.

che als Ganze wirtschaftsfeindlich ist. Das Anliegen der Kirche ist es vielmehr, zu klären, was ein gutes und lebensdienliches Wirtschaften ist und welche Aspekte der Wirtschaft lebensfeindlich und ausbeuterisch sind. Die Kirche hat in den letzten Jahrzehnten eine ausgeglichene und umfangreiche Soziallehre entwickelt, welche die Grundlage für eine ganzheitliche und nachhaltige wirtschaftliche Entwicklung zum Wohle des Menschen bietet.[2]

Deshalb gilt es, dass sich alle Beteiligten um die objektive Darstellung dieser Soziallehre bemühen und Wirtschaftsfragen aus dieser Perspektive beleuchten. Es besteht immer die Gefahr der Anfälligkeit für Ideologien. Die Erfahrung eines ungerechten und ausbeuterischen Wirtschaftssystems kann eine ablehnende Haltung zur Wirtschaft als Ganzer verursachen. Die Geschichte zeigt jedoch, dass die scheinbaren Alternativen – besonders die Ideologien des Sozialismus und des Kommunismus – letztlich in noch größere Ungerechtigkeit und Unterdrückung führen.

Um zu einer grundlegenden christlichen und kirchlichen Haltung zur Wirtschaft zu kommen, müssen wir die fundamentale Botschaft des Christentums kennen. Die Botschaft des christlichen Glaubens ist universal und allen Menschen zugedacht. Deshalb kann die Kirche keinen Menschen von ihrer Botschaft ausschließen. Der Horizont des kirchlichen Redens ist die Beziehung zwischen Gott und den Menschen. Nach dem christlichen Glauben gibt es nur einen Gott, der Schöpfer aller Menschen ist. Weil Gott Einer ist und er Vater aller Menschen ist, bildet die Menschheit eine große Familie Gottes, wo Menschen miteinander in Beziehung stehen und untereinander verbunden sind.

---

[2] Seit Papst Leo XIII. 1891 ‚Rerum Novarum' veröffentlichte, die als Mutter aller Sozialenzykliken bezeichnet wird, gibt es zahlreiche soziale Stellungnahmen der Kirche, zuletzt von Benedikt XVI. die Enzyklika ‚Caritas in Veritate', 2009.

Die Kirche muss von ihrem Selbstverständnis her die ganze Menschheitsfamilie im Blick haben und zum Wohl der ganzen Menschheit handeln. Kirche als Gemeinschaft der Gläubigen, die die Botschaft Jesu Christi als Grundlage ihres Lebens und Handelns nimmt, lebt in sehr unterschiedlichen kulturellen und politischen Kontexten. Sie steht in der Spannung einer Ungleichzeitigkeit der politischen, wirtschaftlichen und sozialen Entwicklung der globalisierten Welt. Diese unterschiedlichen und vielfältigen Lebensbedingungen in der Welt sind die Orte des christlichen Handelns. Kirche als Trägerin der Botschaft Jesu Christi will alle Menschen guten Willens erreichen und alle motivieren, den Maßstab dieser Botschaft zur Grundlage ihres Lebens zu machen und im Geiste dieser Botschaft zu handeln. Es ist an der Zeit, dass wir als Kirche aus der Mitte des Glaubens unser Verhältnis zu Wirtschaft und Unternehmertum vorurteilsfrei definieren und die Soziallehre der Kirche in der Perspektive der globalen wirtschaftlichen Zwänge auslegen, damit alle Menschen an der wirtschaftlichen Entwicklung teilhaben können.

Man muss zugeben, dass es den Kirchen in unternehmerischen Kontexten nicht immer gelungen ist, dieses Anliegen positiv zu kommunizieren. Ihr bleibendes und eigentliches Anliegen ist es, daran zu erinnern, dass alle Menschen verpflichtet sind, zur Entwicklung eines guten und nachhaltigen Wirtschaftssystems beizutragen. Das Wirtschaftssystem ist gut und lebensdienlich, wenn der Mensch im Zentrum steht und niemand von der Teilhabe an den Gütern des Lebens materieller wie nicht materieller Art ausgeschlossen ist. Der wirtschaftliche Fortschritt muss zur ganzheitlichen Entwicklung der Menschen und der Menschenwürde beitragen. Wenn die Wirtschaft im Dienst der Menschen steht, ist sie grundsätzlich gut.

Mahatma Gandhi, der große Sozialpolitiker und Vater der indischen Nation, hat einmal Folgendes als die sieben Totsünden der Menschheit bezeichnet:

Reichtum ohne Arbeit
Genuss ohne Gewissen
Wissen ohne Charakter
Geschäft ohne Moral
Wissenschaft ohne Menschlichkeit
Religion ohne Opfer
Politik ohne Prinzipien

Diese Einstellungen können wir weltweit und in allen sozialen und gesellschaftlichen Schichten finden. Überall in den Bereichen Ethik, Moral und Werte erleben wir, unabhängig von Religion, Kultur und wirtschaftlicher Entwicklung, eine sehr ambivalente Situation. Deshalb gilt es zu fragen: Wie können wir diese sozialen Sünden im wirtschaftlichen Handeln unter globalen Bedingungen überwinden? Wie können wir das wirtschaftliche Leben anständig und aufrichtig gestalten, damit alle Menschen eigenverantwortlich für sich selbst, ihre Familie und das Gemeinwohl sorgen und am gesellschaftlichen Leben teilhaben können? Bei dieser Frage geht es grundsätzlich darum: Wie können Religion, Kultur und Staat die Grundvoraussetzungen schaffen, damit das Wirtschaften für alle Beteiligten lebensfördernd und lebensdienlich ist?

1. Gegenwärtige Herausforderungen

Im Verhalten der Menschen beobachten wir einen Widerspruch. Die Menschen erwarten von Institutionen wie Kirchen, Unternehmen und Staaten hohe ethische Maßstäbe und Standards. Aber das Verhalten des einzelnen Individuums wird oftmals als Privatsache angesehen, die individuelle Freiheit wird betont und die persönliche Verantwortung bagatellisiert. Das bedeutet, im persönlichen Bereich leben viele Menschen nach dem Motto: „Anything goes". Für mein Leben setze ich selbst den Maßstab, von anderen aber, vor allem von Kirchen, Unternehmen und Politikern, erwarte ich hohe ethische Maßstäbe.

In dieser widersprüchlichen Situation kommt unvermeidlich die Frage auf: Wie können wir von den Institutionen jene hohen ethischen Standards erwarten, wenn wir als konkret handelnde Menschen in unserem persönlichen Leben und Verhalten diese Werte vernachlässigen?[3] Diese ambivalenten Verhaltensweisen und Spannungen erleben wir zurzeit in der Diskussion über Leitbilder in Institutionen und Unternehmen. Gelten solche Leitbilder nur für Institutionen und Unternehmer als solche oder gelten sie für alle Beteiligten? Wie können wir einen von allen getragenen Konsens in der Praxis finden? Wie können wir ein solches Leitbild im Alltag ohne ein entsprechendes Berufsethos aller Beteiligten verwirklichen?

In den letzten Jahren durfte ich einige Unternehmer, vor allem Familienunternehmer, kennenlernen, die versuchen, im Angesicht der Realität des harten wirtschaftlichen Alltags ethische Werte und ein hohes Berufsethos zu leben. Es ist völlig klar, dass heute von Führungskräften in Wirtschaft, Verwaltung und Politik viel erwartet wird. Um eine erfolgreiche und glückliche Unternehmenspersönlichkeit oder eine Führungskraft zu sein, braucht man neben Intelligenz, analytische Fähigkeiten, Entscheidungskraft und Durchsetzungswillen, einen über Branchenkenntnis und Fachkompetenz hinausgehenden Blick auf die Gesamtzusammenhänge, ein Verständnis für die Gesamtwirklichkeit, ein Gespür für Sinnfragen, die im Menschen tief verwurzelt sind, und gut reflektierte ethische Überzeugungen.

Gerade diese ethische Kompetenz brauchen wir im Hinblick auf Persönlichkeit und Charakter. Wer führen will, muss nicht nur strategisch denken, sondern auch vorleben, was er von anderen verlangt. Hier findet die Goldene Regel ihre Anwendung:

---

[3] Zur gegenwärtigen Diskussion über Werte und Wertewandel vgl. B.-H. Hennerkes/G. Augustin (Hg.), Wertewandel mitgestalten, Freiburg i. Br. 2012.

„Was du nicht willst, das man dir tu', das füg' auch keinem andern zu." Diese Regel finden wir in allen humanistischen und religiösen Traditionen der Welt. Die Goldene Regel der Gegenseitigkeit fordert wechselseitige Verantwortlichkeit, Solidarität, Fairness, Toleranz und Achtung von allen Beteiligten ein. Solche Haltungen oder Tugenden sind Grundsätze einer funktionierenden Gesellschaft und Basis erfolgreichen wirtschaftlichen Handelns.

Es ist eine grundsätzliche menschliche Erfahrung: Für ein glückliches Leben brauchen wir mehr als nur materielle Erfolge. Wir brauchen soziale Anerkennung sowie gesellschaftliche und persönliche Wertschätzung, die es uns erlauben, mit Zuversicht, Selbstvertrauen und vor allem mit einer inneren Gelassenheit erfolgreich handeln zu können. Es ist dieses ‚Mehr' im Leben, das das Leben lebenswert macht, das wir aber zugleich nicht ‚machen' können. Tugenden, ethische Haltungen und Wertvorstellungen wollen aber einen Weg zu einem guten und gelingenden Leben weisen und zur Erfüllung dieser bei allen Menschen vorhandenen Sehnsucht verhelfen. Nun gilt es zu fragen: Wie können wir uns solche ethischen Haltungen und Wertvorstellungen persönlich aneignen? Was bietet der jüdisch-christliche Glaube, der die abendländische Kultur grundlegend geprägt hat, für ein Ethos des glücklichen Lebens und Handelns?[4]

Die Diskussion über ethische Leitbilder in vielen Unternehmen zeigt den Bedarf und die große Bereitschaft der Wirtschaft, die ethischen Fragen des Wirtschaftens mit Offenheit und Wohlwollen in den wirtschaftlichen Prozess aufzunehmen und sie im wirtschaftlichen Handeln zu integrieren und umzusetzen. Aber dieses Leitbild braucht auch ein Fundament, das es sich selbst nicht geben kann. Es braucht Inspirationen und Voraussetzungen, die Glaube und Religion bereitstellen. Denn Glaube

---

[4] Vgl. die vielfältigen Beiträge in G. Augustin/H. Köhler (Hg.), Glaube und Kultur (Theologie im Dialog 11), Freiburg i. Br. 2014.

und Religion haben im Laufe der Menschheitsgeschichte Lebensweisheit, Wertvorstellungen und positive innere Haltungen entwickelt, die solche Leitbilddiskussionen inspirieren und prägen können.

Es ist von zentraler Bedeutung, dass die Kirche Prozesse wie die Leitbilddiskussionen mit positiver Wertschätzung begleitet und dazu beiträgt, dass eine humane Unternehmenskultur überall Raum gewinnt. Eine erfolgreiche und lebensdienliche Unternehmenskultur kann sich nur entwickeln, wenn wir Menschen dafür gewinnen, die auf persönlicher, interpersoneller und institutioneller Ebene ethisch geprägte Leitbilder im Unternehmensalltag leben und umsetzen. Selbstverständlich verlangt solche Entwicklung die Bereitschaft aller am Wirtschaftsleben Beteiligten.

Für das wirtschaftliche Leben hat die Charakterbildung des Menschen eine wesentliche Bedeutung. Freilich hängt der Charakter nicht davon ab, ob man reich oder arm ist, ob man Arbeitnehmer oder Arbeitgeber ist. Weder ist der Arme charakterlich automatisch gut, noch der Reiche automatisch schlecht. Aber ein guter Charakter, der aufrichtig und gebildet ist, hat eine vorbildliche Funktion im Wirtschaftsleben. Es geht um Anstand und Aufrichtigkeit in der Wirtschaft. Nur Menschen guten Charakters können untereinander vertrauensvoll und vertrauenswürdig handeln. Was kann der Glaube zu dieser Charakterbildung beitragen?

2. Grundfragen des Lebens

Der christliche Glaube geht von der allgemeinen Erfahrung aus: Als Gemeinschaftswesen ist sich der Mensch bewusst, dass Gelingen und Wohlergehen des eigenen Lebens grundsätzlich davon abhängen, ob auch das Leben der Mitmenschen gelingt.

Damit das Zusammenleben und Zusammenwirken der Menschen überhaupt gelingen kann, brauchen wir gute, von allen akzeptierte Handlungsmaßstäbe. Was ist der Maßstab eigenen Handelns oder Tuns? Welche Grundentscheidung oder Grundoption führt uns zu einem authentischen, sinnerfüllten Leben? Welcher Lebensentwurf vom guten Leben und welche Lebensorientierung ermöglichen es dem Menschen, die in ihm angelegten Fähigkeiten am besten zu entfalten? Welche Lebenshaltung und welches Handeln führen zum Selbstsein und zur Selbstverwirklichung des Menschen?

Ein gelingendes gesellschaftliches Zusammenleben der Menschen bleibt damit einerseits angewiesen auf die moralische Motivation im Verhalten der Einzelnen, andererseits auf moralische Kriterien und Wertsysteme zur Legitimation der gesellschaftlichen Ordnung. In beiderlei Hinsicht bedarf es der ethischen Besinnung und Orientierung. Menschsein in der Welt verlangt von den Menschen ein ständiges Ringen um Orientierung und ständiges Fragen nach einem sinnvollen Leben.

Das Thema ethische Lebensführung geht nicht nur den einzelnen Menschen an, sondern auch die Allgemeinheit. Deshalb baut christliche Ethik auf dem menschlichen Wesen und seinen Anlagen zur Wahrheit und Gutheit auf und erhebt und transzendiert diese zugleich. In der christlichen Lebensführung spielt dabei der Gottesgedanke die zentrale Rolle. Denn wo der Gottesgedanke lebendig ist, werden die Menschen lebensdienlich, lebensfördernd und ethisch gut handeln.

In der Frage nach Gott und dem Menschen haben wir es immer mit dem Geheimnis unserer Wirklichkeit zu tun. Woher kommen wir? Wohin gehen wir? Warum sind wir auf dieser Welt? Wer hat uns in Beziehung zum Nächsten, zu uns selbst und zur Welt gesetzt? Was bedeutet diese Grundfrage der Menschheit für unser Selbstverständnis? Was oder wer ist der Mensch? Zeigen nicht diese Sinnfragen den Menschen in Beziehung zur unfassbaren Transzendenz? Als unendlich fragendes Wesen ist der Mensch offen für Gott. Nur in Gott findet der Mensch die erfüllende Antwort auf seine Fragen.

Die christliche Ethik baut auf dem allgemein Menschlichen auf. Das christliche Ethos ist von seiner inneren Logik her vernunftmäßig und deshalb universal kommunizierbar. Der christliche Glaube erhebt die Naturanlagen der Menschen zum ethischen Empfinden und die Fähigkeit zum moralisch guten Handeln auf die Ebene der Gnade Gottes. Die ethische Lebensführung der Glaubenden ist dabei in Gottes Leben und in sein Heilshandeln an ihnen einbezogen. Dadurch verändert sich der Charakter des Ethischen von Grund auf: Es ist nicht zuerst als Forderung an den Menschen zu verstehen, sondern als dessen Antwort auf Gottes zuvorkommende Liebe, nicht als Gehorsam gegenüber einem unpersönlichen Vernunftgesetz, sondern als Freundschaft des Menschen mit dem unendlichen Gott; nicht als Liebe zur Idee des Guten, sondern als Liebe zu Gott und zu den Menschen.

Das unterscheidende Profil christlichen Lebens und Handelns gewinnen wir aus dem biblischen Verständnis von Gott und dem daraus folgenden Bild vom Menschen und seiner Bestimmung. Das Proprium des christlichen Ethos kommt dadurch zum Vorschein, dass wir uns der spezifischen Beziehung zwischen Gott und den Menschen gewiss werden, die im Leben und in der Botschaft Jesu Christi sichtbar geworden ist. Denn jede christliche Ethik ist Glaubensethik. Die entscheidende Frage ist: Wie kann der Glaube das Lebensgefühl der Menschen nachhaltig prägen und ihnen Hoffnung und Vertrauen schenken?

Die Botschaft der Bibel ist der Antrieb für die wahre und wirkliche Entwicklung eines jeden Menschen und der gesamten Menschheit. In der Dynamik der christlichen Liebe wird die Soziallehre der Kirche verständlich. Liebe lebt vom Empfangen und Schenken. Die empfundene Dankbarkeit ist der Antrieb für das soziale Handeln und sie bildet Orientierungsmaßstäbe. Die Liebe nimmt Gestalt an in der Praxis der Gerechtigkeit und trägt dazu bei, das Gemeinwohl zu fördern. Ohne Liebe gibt es keine Gerechtigkeit.

21

Die Frage nach dem Menschen ist untrennbar mit der Frage nach Gott verbunden. Der christliche Glaube denkt von Gott her und zu Gott hin und ermutigt so dazu, alles menschliche Tun in Beziehung zu Gott zu setzen. Ein Leben aus der Kraft solchen Denkens kann die Welt verändern und zum Guten verwandeln. Das christliche Gottesverständnis bestimmt das christliche Leben, den christlichen Glauben und die christliche Praxis im Alltag.

Es bedarf der Selbstvergewisserung des christlichen Glaubens, damit wir einen leitenden christlichen Sinnentwurf, ein Handlungskonzept für die Lebensführung entwickeln können.

3. Das christliche Gottesverständnis

Gott ist der Grund aller ethischen Verbindlichkeit. Denn Gott ist das höchste und umfassende Gut, nach dem alles strebt und auf das alles menschliche Verhalten gerichtet ist. Deshalb ist es heute mehr denn je wichtig, das spezifisch christliche Gottesbild neu ins Gespräch zu bringen, da es viele inakzeptable Gottesvorstellungen gibt, die Unduldsamkeit gegenüber den Mitmenschen erregen und ihnen gegenüber zur Anwendung von Gewalt anspornen.

Wenn manche Gottesbilder den Ursprung verbrecherischer Handlungen bilden, ist dies ein Zeichen dafür, dass diese Auffassungen sich bereits in eine gefährliche Ideologie verwandelt haben. Gegen ein solch verkürztes und ideologisiertes Gottesbild ist es wichtig, das christliche Gottesbild in Wort und Tat glaubwürdig darzustellen.

Manche Gottesbilder, die entwicklungspsychologisch oder lebensgeschichtlich entstanden sind und weitergetragen werden, sind oft ernst zu nehmende Hindernisse, um über Gott zu reden. Deshalb bleibt es eine ständige Aufgabe, kritisch zu überprüfen, warum und wie ein bestimmtes Gottesbild prägend

wirkt oder ob das herrschende Gottesbild tatsächlich dem Gott-
sein Gottes entspricht. Wir müssen Rechenschaft darüber able-
gen, ob das vorhandene Gottesbild dem Gott des christlichen
Glaubens entspricht. Ein Großteil atheistischer Kritik am Got-
tesglauben hat mit einem falsch tradierten Gottesbild zu tun.

Nach dem biblisch-christlichen Glauben gibt es nur einen
einzigen Gott. Der eine und einzige Gott ist nicht etwas namen-
loses Absolutes. Er ist keine anonyme Macht, kein universales
Gesetz, sondern Gott ist Person. Er ist der Schöpfer, Erhalter
und Vollender aller Menschen. Er ist in der Geschichte wirk-
mächtig gegenwärtig und handelt an den Menschen. Die Ge-
schichtlichkeit Gottes und seine liebende Nähe zu den Menschen ist das entscheidende Kennzeichen des biblischen
Glaubens.

Gott, der die Fülle des Lebens ist, befreit den Menschen zum
Leben in Fülle. Der Gott des Lebens löst uns aus unseren Abhängigkeiten. Ohne die Bindung an Gott kann der Mensch
seine wahre Größe nicht erkennen und sie zur Entfaltung bringen. Im Lichte Gottes wird die letzte Bestimmung der Welt und
der Menschen offenbar.

Die Beziehung zu Gott setzt den Einzelnen in eine tiefere Beziehung zum Anderen. Der Mensch steht nicht allein vor Gott,
sondern er lebt in einer Gemeinschaft, auf die er angewiesen ist.
Der Mensch ist einer, der unvertretbar berufen ist, und doch hat
er mit vielen Anderen zu tun. Jeder hat eine einzigartige und
unvertretbare Bedeutung für die Anderen und somit für die Gemeinschaft. Unverwechselbare Einzigartigkeit und Gemeinschaftsbezogenheit schließen sich nicht aus, sondern haben unmittelbar miteinander zu tun.

Diese Gemeinschaftsbezogenheit des Einzelnen ist in einem
universalen Kontext zu sehen. Denn der Mensch als gemein-
schaftsbezogenes Wesen lebt im größeren Zusammenhang der
gesamten Menschheit und der gesamten Schöpfung. Aus diesem
Grund hat jeder Einzelne eine unvertretbare Verantwortung für

das Wohlergehen aller Menschen. Gottes Gerechtigkeit ist auch seine Barmherzigkeit. Dies fordert den Menschen auf, dem Anderen gerecht zu werden.

Das biblische Verständnis Gottes als Liebe zeigt uns den Beweggrund Gottes für die Schöpfung. Wie jede Liebe von ihren Gütern etwas nach außen verschenken will, so bringt die unendliche Liebe Gottes aus Freude am Schenken die Schöpfung hervor. Die Schöpfung erhält Anteil an den göttlichen Gütern wie Einheit in Vielfalt, Leben und Geist. Aus der Schöpfungsliebe Gottes erhält daher die ganze Schöpfung eine Grundverfassung der Teilhabe, eine kommunikative und zur Toleranz anspornende partizipatorische Struktur. Diese Grundüberzeugung des christlichen Glaubens bietet ungeahnte Handlungsperspektiven nicht nur für das Wirtschaftsleben.

4. Das christliche Verständnis des Menschen

Aus christlicher Perspektive kann das Geheimnis des menschlichen Daseins in der Welt nur von Gott her angemessen gedeutet werden. Der Mensch ist Gott gegenüber ganz Empfangender, in seinem Sein wie in seinem Handeln. Die Bibel entwirft ein großartiges Bild des Menschen, wenn sie sagt: „Gott schuf den Menschen als sein Abbild; als Abbild Gottes schuf er ihn. Als Mann und Frau schuf er sie." (Gen 1,27) Da er nach dem Bild Gottes geschaffen ist, hat der Mensch die einzigartige Würde, Person zu sein.

Als Konsequenz besitzt der Mensch als Bild Gottes gewisse Ähnlichkeiten mit Gott. Er nimmt teil an der Größe Gottes. Zum Wesen des Bildseins gehört andererseits auch der Unterschied gegenüber dem Urbild. Der Mensch muss seine geschöpflichen Grenzen anerkennen und annehmen. Zu seiner Geschöpflichkeit gehören seine begrenzte Macht und seine begrenzte Lebensdauer. Die Grundversuchung des Menschen besteht im Verlangen, „zu sein wie Gott" (Gen 3,5). Also statt der Gottabbildlichkeit will der Mensch gottgleich sein.

Die Gottabbildlichkeit des Menschen hat eine grundlegende existentielle Auswirkung für das Menschsein des Menschen und für seine Beziehung zu anderen. Als Abbild Gottes ist jeder einzelne Mensch in seiner nicht austauschbaren Eigenart und Einmaligkeit von Gott gewollt und bejaht. Das kann jedem Einzelnen eine letzte Würde und Geborgenheit geben.

Das Verständnis des Menschen als Abbild Gottes hat eminente Konsequenzen für die Beziehung der Menschen untereinander: Alle Menschen haben von Gott her die gleiche personale Würde. Somit stehen sich alle Menschen prinzipiell gleichwertig gegenüber. Deshalb gilt: Jeder Mensch hat einen nicht austauschbaren Eigenwert. Aus diesem Grund darf kein Mensch einen anderen Menschen nur als Mittel zum Zweck benutzen. Jeder muss dem einzelnen Menschen Grundrechte und Grundfreiheiten lassen und diese auch respektieren. Aus der Tatsache, dass der Mensch das Bild seines Schöpfers widerspiegelt, ergibt sich eine „heilige Pflicht" zur Achtung der Würde jedes Menschen. Aus dieser göttlichen Würde entspringen alle Grundrechte.

Das Abbild-Gottes-Sein verdeutlicht vor allem die besondere Berufung des Menschen. Jeder ist berufen, in seinem Leben die Gottabbildlichkeit dynamisch zu verwirklichen. Nach dem Motto „Werde, der du bist!" ist der Mensch aufgerufen, Gott ähnlich zu werden. Der Mensch soll sich an seinem Urbild orientieren, sich so verhalten wie Gott: schöpferisch, fürsorgend für sich selbst und für die Mitmenschen. Wie Gott, der grenzenlos gut und vollkommen ist, so soll der Mensch nach besten Kräften das Gute und Vollkommene verwirklichen.

Der Mensch ist in dem Maße er selbst, in dem er sich den anderen Menschen gibt. Daher ist der Mensch um der Gemeinschaft und die Gemeinschaft um des Menschen willen da und beide brauchen und ergänzen einander. Der Mensch als Person ist frei und Subjekt moralischer Verpflichtungen, und weil er Verpflichtungen hat, hat er auch Rechte und verdient allen Respekt. In seinen Entscheidungen wird der Mensch durch die Reflexion angeeigneter Werte geleitet.

Der Mensch hat die grundlegende und beständige Neigung, über sich hinauszugehen und in Beziehung zu Anderen zu treten. Wenn wir uns den anderen Menschen zuwenden, stillen wir in Wirklichkeit unsere tiefsten Bedürfnisse und werden in einem umfassenden Sinn Mensch. Wir sind vom Schöpfer in der Tat für die Liebe erschaffen. Die wahre Liebe ist die Mitte und die motivierende Kraft der christlichen Botschaft: „Darum sollst du den Herrn, deinen Gott, lieben mit ganzem Herzen und ganzer Seele, mit all deinen Gedanken und all deiner Kraft" und „Du sollst deinen Nächsten lieben wie dich selbst" (Mk 12,30–31).

Ebenbild Gottes zu sein bedeutet folglich auch, in einer besonderen Beziehung der Stellvertretung zwischen Gott und den Menschen zu stehen. Unter allen Lebewesen wird der Mensch allein von Gott persönlich angesprochen (vgl. Gen 1,28–30; 2,17). Durch sein Personsein repräsentiert der Mensch Gott als seinen Partner in der Welt, um im Auftrag Gottes die Schöpfung zu gestalten. Der Mensch trägt in Stellvertretung Gottes eine besondere Verantwortung für sich, für die Anderen und für die ganze Schöpfung.

5. Die motivierende Kraft des christlichen Handelns

Dieses Gottes- und Menschenverständnis ist der eigentliche Grund für die Notwendigkeit verantwortlichen Handelns des Menschen. Der Glaube weckt moralische und spirituelle Kräfte im Einzelnen und in der Gesellschaft, indem er dazu befähigt, den Willen für die echten Ansprüche des Guten zu öffnen.

Im christlichen Ethos zeigen sich die Einstellung und die Lebenshaltung, die vom Glauben an Gott inspiriert sind. Wir lernen, was gutes und richtiges Handeln ausmacht, was uns und unser Handeln gut sein lässt und was uns zu unserer Bestimmung und zum Glück führen kann. Die Weisungen der christlichen Botschaft bieten ethische Orientierungshilfe, um den Menschen zu einem gelungenen und sinnerfüllten Leben zu verhelfen. Durch die Weitherzigkeit und Klugheit, die durch eine spirituelle Vertiefung erwachsen, kann die christliche Botschaft mit der Moderne versöhnt werden. Die ethischen Grundprinzipien haben folglicherweise nicht nur für das private, sondern auch für das öffentliche Leben eine große Bedeutung. Sie tragen dazu bei, die Würde der Person und das Gemeinwohl der Gesellschaft zu gewährleisten und zu fördern.

Es ist die feste Glaubensüberzeugung der Christenheit: Gott ist es, der in uns das Wollen und das Vollbringen bewirkt, über unseren so armseligen guten Willen hinaus (vgl. Phil 2,13). Aus diesem Vertrauen gewinnen wir die Kraft, über die Gemeinschaft der Christen hinaus in die Welt hinein als Träger von Frieden, Versöhnung, Barmherzigkeit und Liebe zu wirken. Die Güte und die Menschenfreundlichkeit Gottes müssen immer neu in der Welt durch das christliche Handeln zum Leuchten gebracht werden. Wie Gott den Menschen an seinem eigenen Leben teilnehmen lässt, ist der Mensch berufen, so wie Gott zu handeln und die Mitmenschen an seinem Leben teilnehmen zu lassen.

Die christliche Kultur kennzeichnet eine zweifache Grundhaltung, einerseits Großzügigkeit und Aufgeschlossenheit für alles Gute, Schöne und Wertvolle, andererseits Wachsamkeit und kritische Distanz. Es geht um die Offenheit, dem Eigenen auch im Fremden und Anderen zu begegnen. Es gibt das Wahre und Gute, das die säkulare Kultur durch das verborgene Wirken des Geistes Gottes hervorgebracht hat. Alles, was ein wahrhaft menschliches Leben ausmacht, widerspricht nicht dem christlichen Glauben, sondern ist erfüllend, wertvoll, gut und erstrebenswert. Eine Entwicklung, die sich nur auf den technisch-wirtschaftlichen Aspekt beschränken und die ethisch-religiöse Dimension vernachlässigen würde, wäre keine ganzheitliche menschliche Entwicklung.

Aus der ethischen Perspektive des Handelns ergeben sich nicht nur Freiheit und Würde des Menschen, sondern auch seine Verantwortung für sich, seine Familie und für die Schöpfung. Die Verbindung zwischen Wirtschaft, Ethos und Liebe wird am deutlichsten erfahren, gefordert und überhaupt in ihrer Relevanz sichtbar im Leben der Familie.

Die Rechte des Menschen beinhalten notwendigerweise daher auch Pflichten. Mahatma Gandhi hat seine Meinung in sehr eindrucksvollen schönen Worten zum Ausdruck gebracht: „Der Ganges der Rechte fließt vom Himalaja der Pflichten herab". Nur wenn über diese Grundvoraussetzung Klarheit und Konsens besteht, kann eine gut funktionierende Kultur des Handelns Gestalt annehmen.

Die motivierende Kraft der Liebe ist die Grundlage des gelingenden und glücklichen Lebens und Zusammenlebens der Menschen. Aus Liebe allein entsteht die Kraft, die zwischenmenschliche Solidarität, den Frieden und die Gerechtigkeit, die Menschenrechte sowie die Achtung vor dem Leben und dem Gut der Schöpfung zu fördern. Von diesen Grundperspektiven her kommt die Kirche zu ihrer Haltung zur Wirtschaft und zum wirtschaftlichen Handeln.

6. Was bedeutet die bevorzugte Option für die Armen?

Wenn die Kirche von der bevorzugten Option für die Armen und Benachteiligten in der Gesellschaft spricht, ist das keine Absage an die Reichen und Wohlhabenden. Sie spricht nicht primär im soziologischen, sondern im theologischen und religiösen Sinne, wie Papst Franziskus betont: „Für die Kirche ist die Option für die Armen in erster Linie eine religiöse Kategorie und erst an zweiter Stelle eine kulturelle, soziologische, politische oder philosophische Frage."[5]

Die bevorzugte Option für die Armen ist im kirchlichen Bekenntnis zur Menschwerdung Gottes in Jesus Christus begründet. Jesus Christus, der Gott ist, hat an seinem göttlichen Reichtum nicht festgehalten, sondern er ist Mensch geworden, um an der menschlichen Armut teilzuhaben und diese Armut durch seinen göttlichen Reichtum zu verwandeln. Alle Menschen sind berufen, so gesinnt zu sein wie Jesus und diese göttliche Solidarität zu leben. Dies bedeutet konkret: Jeder Mensch ist berufen, seinen Mitmenschen teilhaben zu lassen an dem, was er anderen voraushat (vgl. Phil 2,5–11).

Von dieser zentralen Botschaft des christlichen Glaubens inspiriert, hat die Kirche eine Option für die Armen gefällt, die zu verstehen ist als besonderer Vorrang in der Weise, wie die Liebe konkret gelebt wird. Die Einladung, mit den Armen und Bedürftigen solidarisch zu sein, hat nicht nur mit der Praxis der Humanität zu tun, sondern es geht hier auch um eine Begegnung mit Gott. Denn Jesus Christus identifiziert sich mit den Armen und Hilfsbedürftigen. In der Bibel sagt der Weltenrichter Christus am Ende der Zeit: Was du dem Hilfsbedürftigen getan hast, das hast du mir getan (vgl. Mt 25).

Diese Option ist ohne ein ganzheitliches Verständnis von Armut nicht zu verstehen. Armut ist in erster Linie die existenzielle Haltung des Menschen vor Gott. Es ist die Beziehung des Menschen als Geschöpf Gottes zu seinem Schöpfer. In der Armut bekennt der Mensch in aller Demut, dass er auf seinen Schöpfer angewiesen ist. Diese Botschaft ist zentral für die Bibel. Wenn diese Botschaft zur Sprache gebracht wird, bezieht sie sich nicht in erster Linie auf eine spezifische gesellschaftliche Gruppierung oder materielle Armut. Hier geht es um die existenzielle Angewiesenheit des Menschen auf Gott. Armut als

---

[5] Papst Franziskus, Apostolisches Schreiben Evangelii Gaudium, 2013, Nr. 198.

christliches Ideal meint, sich und sein Lebensglück nicht abhängig zu machen von materiellen Dingen. Auch der Reiche kann vor Gott arm sein, wie sich der Arme durch seine Abhängigkeit von dem Wunsch nach materiellem Reichtum den Weg zu Gott verbauen kann. Hier geht es um eine Grundeinstellung, die für jeden Menschen, ob arm oder reich, eine lebenslange Herausforderung darstellt.

Die christliche Option für die Armen betrifft alle Menschen, ob arm oder reich. Es ist eine Option für eine Gesellschaft, die versucht, die Gerechtigkeit in bestmöglicher Form zu verwirklichen. Denn Gerechtigkeit ist das Minimum, das der Mensch anderen Menschen schuldet. Die Praxis der Gerechtigkeit garantiert auch sozialen Frieden. In dieser Option geht es um die Würde des einzelnen Menschen und um unsere gemeinsame Verantwortung für die Gestaltung einer humanen und gerechten Gesellschaft, in der Freiheit und Frieden erfahrbare Wirklichkeiten sind. Es geht um die christliche und menschliche Verantwortung, leidenschaftlich gegen Armut, Elend, Krankheit und Unterdrückung anzukämpfen.

Diese bevorzugte Option für die Armen bedeutet nicht, eine gesellschaftliche oder soziale Gruppe gegen eine andere auszuspielen, sondern die Gemeinschaft zu stärken, indem den Schutzlosesten geholfen wird. Es geht darum, gemeinsam alle Anstrengungen zu machen, die Armut zu beseitigen. Die Grundbedürfnisse der Armen müssen höchste Priorität haben. Alle wirtschaftspolitischen Maßnahmen müssen im Hinblick auf ihre Auswirkungen auf die Armen bewertet werden.

Die bevorzugte Option für die Armen ist für die Kirche eine Option für den Menschen und für seine von Gott gegebene Würde. Es geht um die ganzheitliche Entfaltung und Entwicklung aller Menschen. Papst Franziskus stellt eindeutig fest, was diese Option für die Armen aus christlicher Perspektive tatsächlich bedeutet: „Unser Einsatz besteht nicht ausschließlich in Taten oder in Förderungs- und Hilfsprogrammen; was der Heilige Geist in Gang setzt, ist nicht ein übertriebener Aktivismus, sondern vor allem eine aufmerksame Zuwendung zum anderen, indem man ihn ‚als eines Wesens mit sich selbst betrachtet'. Diese liebevolle Zuwendung ist der Anfang einer wahren Sorge um seine Person, und von dieser Basis aus bemühe ich mich dann wirklich um sein Wohl. Das schließt ein, den Armen in seinem besonderen Wert zu schätzen, mit seiner Wesensart, mit seiner Kultur und mit seiner Art, den Glauben zu leben. Die echte Liebe ist immer kontemplativ, sie erlaubt uns, dem anderen nicht aus Not oder aus Eitelkeit zu dienen, sondern weil es schön ist, jenseits des Scheins. ‚Auf die Liebe, durch die einem der andere Mensch angenehm ist, ist es zurückzuführen, dass man ihm unentgeltlich etwas gibt.' Der Arme wird, wenn er geliebt wird, ‚hochgeschätzt', und das unterscheidet die authentische Option für die Armen von jeder Ideologie, von jeglicher Absicht, die Armen zugunsten persönlicher oder politischer Interessen zu gebrauchen."[6]

Weiter schreibt Papst Franziskus, „dass die schlimmste Diskriminierung, unter der die Armen leiden, der Mangel an geistlicher Zuwendung ist. Die riesige Mehrheit der Armen ist besonders offen für den Glauben; sie brauchen Gott, und wir dürfen es nicht unterlassen, ihnen seine Freundschaft, seinen Segen, sein Wort, die Feier der Sakramente anzubieten und ihnen einen Weg des Wachstums und der Reifung im Glauben aufzuzeigen. Die bevorzugte Option für die Armen muss sich hauptsächlich in einer außerordentlichen und vorrangigen religiösen Zuwendung zeigen."[7]

Die bevorzugte Option für die Armen ist eine Ermutigung zur Praxis der Barmherzigkeit im Alltag. Eine Praxis der Barmherzigkeit in allen Bereichen des Lebens kann eine menschenfreundlichere und lebensdienlichere Atmosphäre schaffen.

---

[6] Papst Franziskus, Apostolisches Schreiben Evangelii Gaudium, 2013, Nr. 199.
[7] Ebd., Nr. 200.

Wenn die Kirche von ihrem ureigenen Auftrag her die bevorzugte Option für die Armen, Unterdrückten und Schwachen in der Gesellschaft bekundet, darf dies nicht automatisch als Kritik an Unternehmern verstanden werden. Das Anliegen der Kirche will sich so verstanden wissen: Die Privilegierten in der Gesellschaft sollen sich ihrer ureigenen Verantwortung bewusst sein, dass sie sich für die nachhaltige soziale Entwicklung der Armen und Unterprivilegierten engagieren müssen. Aus der Dankbarkeit für die Möglichkeit des Geben-Könnens muss der Handlungstrieb erwachsen.

Es ist eine ethische Pflicht aller Menschen, gegen ein ausbeuterisches Wirtschaftssystem, das von welcher Ideologie auch immer geprägt ist, ihre Stimme zu erheben. Die Suche nach einer gerechten und solidarischen Welt gründet nicht auf Träumerei und Illusion. Es ist keine Luxusfrage, sondern eine gesellschaftliche Notwendigkeit, um eine künftige Niederlage der Menschheit durch soziale Unruhen und Revolution zu vermeiden. Denn eine Welt ohne die Praxis der Gerechtigkeit und Solidarität wird langfristig ihre eigene Lebensgrundlage zunichtemachen.

Jeder Mensch ist verpflichtet, Armut in ihren vielfältigen Gestalten zu bekämpfen. Nicht nur in den wirtschaftlich ärmeren Ländern, sondern auch in den sozialen Randgebieten der materiell reicheren Länder befinden sich viele Menschen, die unter Armut, fehlender Zufriedenheit im Leben oder der Last der Verlassenheit leiden. Angesichts der Gleichgültigkeit ihnen gegenüber sind wir aus humanitären Gründen und einer christlichen Grundhaltung heraus verpflichtet, auf die Not der Bedürftigen hinzuweisen und alles Menschenmögliche zu tun, um diese Not zu mindern.

Es gibt nicht nur materielle Armut, die wir beseitigen müssen, sondern auch vielerlei Formen der Armut bei den vermeintlich Reichen und Wohlhabenden. Es gibt eine geistliche Armut durch die Sinnentleerung im Leben, die dem Menschen die ganze Lebensfreude rauben kann. Es gilt, unsere Aufmerksamkeit hierfür zu sensibilisieren.

Wenn die Kirche ihre bevorzugte Option für die Armen betont, muss sie alles daransetzen, die geistig-geistliche Qualität dieses Anliegens deutlicher zu kommunizieren, damit dieses nicht in eine Ideologie des Neides verkehrt wird. Eine große Neiddebatte stiftet nur Missgunst und soziale Unruhen. Schon die Erzählung von Kain und Abel am Anfang der Bibel verdeutlicht, welche Grausamkeiten Neid hervorbringen kann (vgl. Gen 4,1–16). Neid hat in dieser Welt von Anfang an viele Gräueltaten verursacht. Neid kann auch gesellschaftliche Revolutionen und Unruhe anzetteln. In einem Klima des Neides ist kein gesundes Wirtschaftswachstum möglich. Wie können wir dieser Neiddiskussion aus einer religiösen Sicht entgegenwirken?

7. Wirtschaftliche Freiheit als Vermögen, Gutes zu tun

Es ist eine Alltagserfahrung und eine bleibende Versuchung bei den allermeisten Menschen, mit der Macht des Geldes zu herrschen und Menschen in unterschiedlicher Weise abhängig zu machen und für die eigenen Zwecke zu manipulieren. Vor diesem Hintergrund gilt es, zu bedenken: Es ist grundsätzlich gut, über Vermögen oder Besitz zu verfügen. Geld und Vermögen sind für die Menschen da. Es ist nur die Frage, wie ich die mir durch Geld und Vermögen gegebene Macht einsetze. Wenn ich mein Vermögen zur ganzheitlichen Entfaltung anderer Menschen einsetzen kann, ist dies das größte Privileg und die größte Freiheit, die ein Mensch in dieser Welt genießen kann – denn Schenken ist seliger als Nehmen. Hier geht es auch um die innere Freiheit, mich nicht von Geld und Besitz abhängig zu machen, sondern souverän über meinen Besitz zu verfügen und ihn mit innerer Freiheit und Gelassenheit einsetzen zu können.

In allem geht es um die richtige Einstellung zu Geld und Vermögen. Man kann zum Sklaven des Geldes und dadurch innerlich unfrei werden. Mit Geld kann man zocken, man kann es aber auch sinnvoll einsetzen, um etwas Gutes und Nützliches für die Menschen und die Umwelt voranzubringen. Die uralte Tugend des Maßhaltens im Umgang mit Besitz kann uns hierzu inspirieren und ermutigen.

Nach christlichem Verständnis sind Besitz und Reichtum als solche notwendig, um das Leben in dieser Welt dem Schöpfungsauftrag Gottes entsprechend zu gestalten. Entsprechend verpflichtet Besitz dazu, ihn gestalterisch und kreativ im Interesse des Gemeinwohls einzusetzen. Ungerechte wirtschaftliche Strukturen rufen eine große Ungleichheit zwischen den Menschen hervor. Deshalb sind sie letztlich gegen die schöpfungsmäßig gegebene Würde des Menschen. Es gehört grundlegend zur Menschenwürde, möglichst selbst durch seine Arbeit für seinen Lebensunterhalt und für seine Familie sorgen zu können.

Es ist von großer Bedeutung für den Frieden in der Gesellschaft und die Förderung der Menschenwürde, dass die Unternehmer Arbeitsplätze schaffen. Durch die Schaffung der Arbeit hilft der Unternehmer der Entfaltung der Person und der Familien. Denn Erwerbslosigkeit ist ein großes Übel und Arbeit ist die größte Auszeichnung für die Würde des Menschen. Die Welt der Wirtschaft ist besonders herausgefordert, die Verbindung von Arbeit und Würde des Menschen im Blick zu haben. Deshalb soll es jeder Unternehmer als ein Privileg begreifen, dass er in der Lage ist, anderen Arbeit zu geben. Jeder, der Arbeit gibt, sorgt sich um den Anderen und ermöglicht es ihm, seine schöpferische Kraft zu entwickeln. Dieser Einsatz von Unternehmern muss von der Kirche wertgeschätzt werden.

Ein kritischer Punkt in der Arbeitswelt ist die bessere Vereinbarung von Beruf und Familie. An der Förderung der Familie können wir die menschliche Qualität des Wirtschaftssystems ermessen und bewerten. Die Wirtschaft muss sich kritisch fragen, ob sie genügend für die Familienförderung tut oder ob es Möglichkeiten zur Verbesserung gibt. Die Zukunftssorge kann eine große persönliche und familiäre Belastung sein. Jeder, der dazu beiträgt, diese Zukunftssorge zu minimieren, trägt zur Würde des Menschen bei.

Es ist ein Privileg, die eigene wirtschaftliche Freiheit zu nutzen, um die Welt zum Besseren zu verwandeln. Die Tatsache, dass die Unternehmer als Eigentümer unter großem Einsatz Werte schaffen und Steuern zahlen, ist schon ein anerkennenswerter Beitrag zum Gemeinwohl. Keine Stadt und kein Sozialsystem kann funktionieren ohne die Wertschöpfung durch die Wirtschaft.

8. Ermutigung zum erfolgreichen Wirtschaften

Erfolgreiches Wirtschaften und ethisches Handeln bilden keine Gegensätze, sondern sind miteinander vereinbar und die ethischen Überzeugungen bieten neuen Antrieb zu nachhaltigem und lebensdienlichem Wirtschaften. Von ethischen Überzeugungen und ethischen Werten getragenes wirtschaftliches Handeln kann Menschen von innen her motivieren und damit Erfolg bringen. Von ethischen Grundlagen getragenes wirtschaftliches Handeln fördert die Humanität und vermehrt das Glück aller Beteiligten. Es kann der ganzheitlichen Entwicklung der Menschheit dienen und Vorbildcharakter für andere haben. „Die Tätigkeit eines Unternehmers ist eine edle Arbeit, vorausgesetzt, dass er sich von einer umfassenderen Bedeutung des Lebens hinterfragen lässt; das ermöglicht es ihm, mit seinem Bemühen, die Güter dieser Welt zu mehren und für alle zugänglicher zu machen, wirklich dem Gemeinwohl zu dienen."[8]

Die Komplexität des heutigen globalisierten Wirtschaftssystems verlangt von den Unternehmern öfter Kompromisse und

---

[8] Papst Franziskus, Apostolisches Schreiben Evangelii Gaudium, 2013, Nr. 203.

von Außenstehenden oft nicht nachvollziehbare Entscheidungen. Vor allem in wirtschaftlichen Krisensituationen müssen die Unternehmer manchmal harte Maßnahmen ergreifen, um eine langfristige und nachhaltige Entwicklung des Unternehmens zu sichern. Manchmal müssen Arbeitsplätze notgedrungen abgebaut werden, um langfristig Arbeitsplätze zu sichern. In solch schwierigen Situationen kann ein sensibler Unternehmer, der um das Wohl der Mitarbeiter besorgt ist, in große Gewissensnot geraten. Hier braucht ein Unternehmer keine Verurteilungen, sondern Verständnis, Solidarität und Unterstützung, damit er zu sozialverträglichen Lösungen kommen kann. Er braucht Ermutigung, auch in solch schwierigen Situationen nachhaltig und wertorientiert zu handeln.

Es ist selbstverständlich: Eine funktionierende Wirtschaft ist für die Menschen lebensnotwendig. Die gute Funktionsfähigkeit der Wirtschaft zu erhalten ist von eminenter Bedeutung für das Gemeinwohl. Alle Instrumente des Wirtschaftens wie Kapital, Produktion, Gewinn, Geld, Steuer usw. müssen von höheren Werten des menschlichen Lebens wie Gerechtigkeit, Humanität und Solidarität getragen werden. Das Ziel des Wirtschaftslebens kann in erster Linie nicht reine Gewinnmaximierung sein, sondern eine Förderung des Gemeinwohls und eine Befriedigung der lebensnotwendigen Bedürfnisse des Einzelnen und der Familien.

Natürlich muss das Wirtschaften Profit erzeugen. Aber nicht die übermäßige Profitmaximierung sollte im Mittelpunkt stehen, sondern die Förderung der Humanität. Wenn die menschliche Entwicklung wirklich gefördert wird, setzt dies bei den Menschen Energie frei. Sie sind motiviert, loyal und engagiert. Profit und menschliche Entwicklung stehen letztlich in Korrelation zueinander. Wenn die Mitarbeiter motiviert sind, ist in der Regel auch ein größerer Profit zu erwarten.

Die Wirtschaft hat ihre komplexe Eigengesetzlichkeit. Es ist daher wichtig, diese Eigengesetzlichkeit auch in der Perspektive des Glaubens ernst zu nehmen und einerseits jede Vereinfachung zu vermeiden und andererseits durch ethisch orientierte Ordnungsprinzipien Maßstäbe zu setzen. Was können wir auf der Grundlage des christlichen Glaubens tun, um alle Beteiligten für ein gerechteres Wirtschaftssystem zu sensibilisieren und zu einem Handeln zu motivieren, das alle am wirtschaftlichen Erfolg teilhaben lässt? Selbstverständlich müssen wir sehen, dass die Kirche und die kirchlichen Mitarbeiter aus unterschiedlichen Gründen heute keinen großen Einfluss auf das Wirtschaftssystem haben. Denn viele wirtschaftlich aktive Menschen sind von der Kirche entfremdet. Deshalb muss die Kirche, um ihrer Botschaft Gehör zu verschaffen und um ihre Ziele zu erreichen, mit allen Menschen guten Willens partnerschaftlich kooperieren, sie begleiten und seelsorglich unterstützen. Hier geht es nicht um die abstrakte Kirche als solche, sondern um jeden einzelnen Repräsentanten der Kirche.

Es geht darum, Wege zu suchen, wie wir als Kirche einladender wirken können, fokussierter auf die grundsätzlichen Fragen des Lebens, um alle Menschen für die Botschaft Jesu zu begeistern. Aus dieser Begeisterung sollen sie für die Gestaltung des Gemeinwohls ihre Kräfte einsetzen. Ihren Fokus muss die Kirche dabei besonders auf jene legen, die sich von der Botschaft Jesu und der Kirche aus unterschiedlichen Gründen entfernt haben und ihr entfremdet sind. Wenn es der Kirche nicht gelingt, diese weit verbreitete Entfremdung der Menschen, besonders der in der Wirtschaft aktiv tätigen, zu überwinden, wird ihre Stimme nicht positiv wahrgenommen. Nur die Wohlhabenden vermögen es, den Armen zu helfen. Deshalb ist es so wichtig, durch unsere Botschaft den inneren Antrieb der Vermögenden zu wecken, dass sie selbst für die Armen tätig werden. Wenn sie ein gesundes und gerechtes Wirtschaftssystem aufbauen, hilft das sowohl den Armen als auch den Wohlhabenden.

Das bleibende und eigentliche Anliegen der Kirche ist es, die Menschen daran zu erinnern, dass alle Menschen von ihrem

Menschsein her verpflichtet sind, dazu beizutragen, ein gutes und gerechtes Wirtschaftssystem zu entwickeln. Das Wirtschaftssystem ist gut und lebensdienlich, wenn der Mensch im Zentrum des Wirtschaftens steht. Der wirtschaftliche Fortschritt muss zur ganzheitlichen Entwicklung der Menschen beitragen. Die Wirtschaft muss im Dienst der Menschen sein.

Es gibt viele Unternehmer, Manager und Wirtschaftslenker, die mit großer Sensibilität ihr Wirken nach ihrer ethischen und moralischen Überzeugung ausrichten. Den guten Willen und die Hochherzigkeit dieser Menschen gilt es hoch zu schätzen. Man darf auch nicht vergessen, dass viele Unternehmer hart arbeiten müssen, um das Unternehmen gut zu führen. Hinter Wohlstand und Reichtum stecken viel Arbeit und Mühe, Sorgen um das Wohl der Mitarbeiter und deren Familien und die Nachhaltigkeit des Unternehmens.

Eine nachhaltige Entwicklung und Entfaltung der Menschen in der Gesellschaft sollte das leitende Kriterium für das Wirtschaften sein. Der Kirche geht es darum, dieses Anliegen in der Gesellschaft lebendig zu halten. Wir müssen zugeben, dass es uns oft nicht gelingt, dieses Anliegen ausreichend zu kommunizieren. Deshalb ist es eine selbstverständliche Anfrage an uns alle: Wie gelingt es uns als Repräsentanten der Kirche, uns von jederlei Ideologien zu befreien, um die Botschaft der Kirche in Fragen der Wirtschaft authentischer und glaubwürdiger zu vermitteln?

Kirche und Wirtschaft möchten beide dem Wohl der Menschen dienen. Während sich die Wirtschaft mehr auf die materielle Grundlage des Lebens fokussiert, bringt die Kirche von ihrem Auftrag her eine zusätzliche geistig-geistliche Dimension des Lebens ein. Die Wirtschaft konzentriert sich auf das Leben dieser Welt, die Kirche betrachtet das Leben dieser Welt im Lichte Gottes. Die Kirche macht auf negative Entwicklungen in der Wirtschaft aufmerksam und appelliert an das Gewissen der Verantwortlichen, ohne konkrete Lösungen für die wirtschaftspolitischen Fragen vorzuschlagen. Denn sie respektiert die Sachkompetenz der in der Wirtschaft Aktiven und die Verantwortung aller Verantwortlichen.

Es gilt zu fragen: Was können wir tun, um neue Kräfte zu finden, mehr für die persönliche Entfaltung und die gesellschaftliche Entwicklung zu tun? Es wird immer eine bleibende Herausforderung sein, das richtige Maß zu finden und einen Weg zu suchen zwischen den Zwängen der Wirtschaft und der Praxis der Gerechtigkeit in unserer Welt.

Der christliche Glaube und die Kirche als Trägerin dieses Glaubens können nicht anders, als Anwältin zu sein für ein humanes und der Gesellschaft dienendes Wirtschaften. Denn die Kirche muss von ihrem Auftrag her das Gute, Schöne und Wahre überall anerkennen, alles dem Menschen Dienende und das Leben Ermöglichende fördern und schätzen. Sie handelt in der Nachfolge Jesu Christi, wenn sie das wahre Leben ermöglicht und den Menschen den Weg dorthin zeigt. Denn Jesus sagt uns: „Ich bin gekommen, dass sie das Leben haben und es in Fülle haben." (Joh 10,10)

Rainer Kögel

Wie kommt das Kamel durch das Nadelöhr? – Der „Unternehmer" aus christlicher Perspektive

1. Einleitung

Viele Unternehmer sind im christlichen Glauben tief verwurzelt. Sie beziehen die Kraft für ihre unternehmerischen Aufgaben aus ihrem Glauben. Die in diesem Buch veröffentlichte Unternehmerbeiträge geben hiervon beredtes Zeugnis. Aus der deutschen Nachkriegsgeschichte gibt es zahllose weitere Beispiele für christlich geprägte, erfolgreiche Unternehmerpersönlichkeiten.[1]

Umgekehrt stellt sich aber natürlich die Frage: Welches Bild hat die christliche Glaubenslehre eigentlich von dem „Unternehmer"? Dieser Frage soll im Folgenden nachgegangen werden, wobei dies vorrangig aus einem katholischen Blickwinkel erfolgt. Um es vorwegzunehmen: Die Antwort auf diese Frage ist nicht einfach.

In der Bibel heißt es bei den Evangelisten Matthäus (Mt 19,24), Lukas (Lk 18,25) und Markus (10,25) fast wortgleich:

---

[1] Vgl. statt vieler Friedemann Maurer, Vom Geist der Gründer – Die Unternehmer Johannes und Johannes Marquardt, 1991; Heinrich Deichmann, Das Unternehmen muss dem Menschen dienen, in: Hennerkes / Augustin, Wertewandel mitgestalten, 2012, 357ff.; Berthold Leibinger, Wer wollte eine andere Zeit als diese, 2010; Jochen Streb, TRUMPF – Geschichte eines Familienunternehmens, 2018; Friedhelm Loh, Keine Führung ohne Werte, in: Hennerkes / Augustin, Wertewandel mitgestalten, 2012, 347ff.; Christiane Underberg, Umsetzung ethischer Grundsätze in das Führungskonzept eines Familienunternehmens, in: In christlicher Verantwortung – 50 Jahre Bund Katholischer Unternehmer, 1999.

„Eher geht ein Kamel durch ein Nadelöhr, als dass ein Reicher in das Reich Gottes gelangt. "

Nun wird man einen „Unternehmer" nicht per se mit einem „Reichen" im biblischen Sinne gleichsetzen können. Man wird aber auch nicht umhinkommen, die erfolgreichen Unternehmer, die zugleich Eigentümer eines bedeutsamen Familienunternehmens sind, als „reich" im biblischen Sinne zu kategorisieren. Wie man diese Bibelstelle auch immer interpretieren mag, man wird sie schwerlich als Ermunterung für unternehmerisch erfolgreiches Handeln verstehen können. Diese Bibelstelle steht im Widerspruch zur protestantischen Arbeitsethik, die insbesondere im Calvinismus und Puritanismus vorherrschend war. Dort wurden Reichtum und wirtschaftlicher Erfolg als Ausdruck göttlicher Gnade betrachtet. Calvinismus und Puritanismus gaben dadurch unternehmerischer Leistung und dem wirtschaftlichen Erfolg eine religiöse Überhöhung, die mit dem urchristlichen Ideal der Besitzlosigkeit nur noch wenig gemein hatte. Max Weber sah hierin sogar eine der geistigen Wurzeln für die Industrialisierung Europas und Nord-Amerikas.[2]

2. Der Unternehmer und das Unternehmertum im heutigen Verständnis

Bevor wir uns dem Unternehmerbild in der christlichen Glaubenslehre zuwenden, ist vorab die Frage zu klären, was man unter einem „Unternehmer" überhaupt versteht und wie der Be-

---

[2] Max Weber, Die protestantische Ethik und der Geist des Kapitalismus, 1904/1905, Archiv für Sozialwissenschaften Band XX. und XXI; Zur protestantischen Ethik und deren Einfluss auf die Industrialisierung Württembergs am Beispiel der Unternehmerfamilie Marquardt: Maurer (Fn 1), 189ff.; zur frühen Kritik an den Thesen Max Webers: Richard Henry Tawny, Religion and the Rise of Capitalism, erstmalig erschienen 1926, der zeigte, dass es auch in katholisch geprägten Gegenden einen frühen Kapitalismus gab (zuletzt erschienen 1998).

griff des Unternehmers definiert wird. In der Wissenschaft und Praxis existieren hierzu sehr unterschiedliche Definitionsansätze, abhängig davon, auf welchen Aspekt des Unternehmerbegriffs abgestellt wird, welche Wissenschaftsdisziplin die Definition vornimmt oder welcher Gesetzeszweck mit einer gesetzlichen Definition verbunden ist.

Das Bürgerliche Gesetzbuch (BGB) definiert in § 14 etwa den Unternehmer (in verkürzter Form) als jede natürliche oder juristische Person, die bei Abschluss eines Rechtsgeschäfts in Ausübung ihrer gewerblichen oder selbstständig beruflichen Tätigkeit handelt. Demnach sind aus Sicht des deutschen Zivilrechts auch Selbstständige (Rechtsanwälte, Steuerberater etc.), Landwirte und Handwerker „Unternehmer" im Gesetzessinne. Im Steuerrecht findet sich in § 2 Abs. 1 Umsatzsteuergesetz eine andere Legaldefinition des Unternehmers. Demnach ist Unternehmer, „wer eine gewerbliche oder berufliche Tätigkeit selbstständig ausübt", vorausgesetzt die Tätigkeit ist nachhaltig und dient der Erzielung von Einnahmen, wobei eine Absicht Gewinne zu erzielen nicht erforderlich ist. Es ist ohne Weiteres ersichtlich, dass diese Legaldefinitionen nicht zur Grundlage einer wissenschaftlichen Definition des Unternehmerbegriffs dienen können. Vielmehr verfolgen diese Definitionen normspezifische Zwecke, wie etwa die zivilrechtliche Abgrenzung zwischen Unternehmer und Verbraucher oder die Festlegung umsatzsteuerpflichtiger Leistungsbeziehungen.

In ökonomischer Sicht wurde der heutige moderne Unternehmerbegriff stark durch die Arbeiten von J. A. Schumpeter geprägt. Nach Schumpeter[3] ist der Unternehmer Pionier, Erfinder und Entdecker, Träger von Innovation und Organisation im Unternehmen. Der Unternehmer ist derjenige, der neue Ideen aufgreift, durchsetzt, bestehende Produktionsmittel neu kom-

---

[3] J.A. Schumpeter, „Theorie der wirtschaftlichen Entwicklung", erstmalig erschienen 1912, 171ff.

biniert, neue Strukturen schafft und alte Strukturen verdrängt bzw. zerstört: „Die Nationalökonomie versteht unter ‚Unternehmer‘ im Großen und Ganzen den Leiter einer Unternehmung zu eigenem Rechte, den nicht ‚angestellten‘ oder gegen festes Entgelt arbeitenden Produzenten. Damit ist sicherlich ein Moment richtig erfasst. Aber unsere Definition ist enger. Nicht jeder, dem eine Unternehmung gehört und auch nicht jeder, der tatsächlich an der Spitze einer solchen steht, ist Unternehmer in unserem Sinne. Nur dann erfüllt er die wesentlichen Funktionen eines solchen, wenn er neue Kombinationen realisiert, also vor allem, wenn er die Unternehmung gründet, aber auch, wenn er ihren Produktionsprozess ändert, ihr neue Märkte erschließt, in einen direkten Kampf mit Konkurrenten eintritt usw.“[4]

Die Unternehmerleistung ist nach heute vorherrschender Auffassung in der Ökonomie neben Arbeit, Kapital und Ressourcen (Boden, Rohstoffe etc.) ein wesentlicher Produktionsfaktor, der für die Herstellung von Produkten und Dienstleistungen unabdingbar ist.

Neben dieser Betonung der Unternehmerfunktion wird seit langem danach differenziert, von welchen Rollen und Handlungslogiken Unternehmer sich im Unterschied zu angestellten Managern leiten lassen. Anders als ein angestellter Manager trägt der Unternehmer ein hohes persönliches Risiko, ist Eigentümer und Gesellschafter des Unternehmens und haftet oftmals mit seinem Privatvermögen für den Misserfolg seines unternehmerischen Handelns. Aus der Trennung von Eigentum und Unternehmensleitung in Großunternehmen entstehen spezifische Probleme, die man mit Mitteln des modernen Unternehmensrechts zu lösen versucht. Diese entstehen vor allem dann, wenn bei börsennotierten Gesellschaften eine Vielzahl von Einzel-

---

[4] Ebd., 174; weiter heißt es dort in der Fußnote 1: „Führt der Unternehmer die von ihm gegründete Unternehmung dann einfach ‚statisch‘ weiter, so hört er auf Unternehmer zu sein. Der Charakter des Unternehmers ist an die Schaffung von Neuem geknüpft.“

aktionären einem Fremdmanagement gegenübersteht, das dieses nicht mehr wirksam kontrollieren kann. In der Folge können angestellte Manager dieses Kontrolldefizit nutzen, um ihre egoistischen, mitunter kurzfristigen Ziele zu verfolgen, so jedenfalls die Prinzipal-Agent-Theorien. Diese Corporate Governance Diskussion hat ihren Ursprung in den 1930er Jahren.[5] Insoweit ist die Eigentümerverantwortung ein weiteres, wichtiges Charakteristikum eines Unternehmers in Abgrenzung zu sonstigen Verantwortlichen, Führungskräften oder Managern in Unternehmen. Auf die Bedeutung der Eigentümerverantwortung hat auch der Bund Katholischer Unternehmer immer wieder, z. B. in seiner Schrift „Eigentümerverantwortung als Grundlage unserer Wirtschaftsordnung" ausführlich hingewiesen und daraus konkrete Forderungen für die Ausgestaltung unserer Wirtschaftsordnung abgeleitet.[6]

Die Bedeutung der Unternehmerfunktion und die Eigentümerverantwortung sind damit wesentliche Charakteristika eines Unternehmers. Selbstverständlich können auch Führungskräfte oder Manager in Publikumsgesellschaften ihre Aufgaben innovativ und wettbewerbsorientiert vornehmen, allerdings fehlt diesen die Eigentümerverantwortung, wodurch diese mitunter eine andere Motivation und Bindung an das Unternehmen und deren Mitarbeiter haben. Umgekehrt fehlt es bei Freiberuflern und Handwerkern in vielen Fällen an der Wandlungsfähigkeit ihrer Geschäftsmodelle, der Delegation von Führungsverantwortung und der Bereitschaft hohe Summen zu investieren, um weiteres Wachstum zu generieren. Insofern sind Handwerker,

---

[5] Vgl. Berle / Means, The Modern Corporation and Private Property, 1932; vgl. Jensen / Meckling, Theory of the Firm: Managerial Behaviour, Agency Costs and Ownership Structure, Journal of Financial Economics, 1976, Vol. 3, No. 4, 305ff.; zur aktuellen Governance-Forschung in Bezug auf Familienunternehmen: Kormann, Governance des Familienunternehmens, 2017, insbesondere 47ff. mit einem umfassenden Literaturüberblick.

[6] BKU e.V., Eigentümerverantwortung als Grundlage unserer Wirtschaftsordnung, Oktober 2012.

Freiberufler und Selbstständige nicht als Unternehmer im ökonomischen Sinne zu betrachten. Allerdings ist unbestritten, dass hierbei die Grenzen fließend sind und mancher Handwerker durch Innovation und Investitionsbereitschaft zum Unternehmer geworden ist.

Unternehmertum setzt sodann voraus, dass der Unternehmer einen bestimmenden Einfluss auf die Geschäftspolitik seines Unternehmens hat. Unternehmer zu sein, setzt nicht voraus, dass dieser als geschäftsführender Gesellschafter die Geschäftspolitik bestimmt. Es genügt, wenn er dies als Mitglied des Aufsichtsrats oder Mehrheits-Gesellschafter tut, vorausgesetzt ihm steht hierbei ein bestimmender Einfluss zu. Diesen wird man bei einem Privatunternehmer im Regelfall dann annehmen können, wenn ihm die Mehrheit der Kapital- und Stimmrechte der Eigentümer zusteht. Bei großen Familienunternehmen mit mehreren oder sogar einer Vielzahl von Gesellschaftern (wie z. B. den Firmen Merck, Haniel oder Henkel) liegt ein bestimmender Einfluss jedenfalls dann noch vor, wenn ein Gesellschafter zusammen mit anderen, einer Gesellschaftergruppe, maßgeblichen Einfluss auf die Geschäftspolitik ausüben kann. Den bloßen Anteilseigner eines Privatunternehmens, einen Investor, den Aktionär einer börsennotierten Gesellschaft, die lediglich über Minderheitsanteile verfügen, kann man deshalb im ökonomischen Sinne nicht als „Unternehmer" einstufen.

Schließlich definiert man „Unternehmertum" als die Gesamtheit der Unternehmer oder als die gesellschaftliche Klasse der Unternehmer.

3. Der Unternehmer und das Unternehmertum
in den biblischen Quellen

Nachdem eine ökonomische Definition des Unternehmers gefunden ist, ist die Frage zu beleuchten: Was versteht die christliche Glaubenslehre eigentlich unter einem „Unternehmer"?

Untersucht man die biblischen Überlieferungen, so kommt
man zum Ergebnis, dass der Begriff des Unternehmers in ihnen
nicht vorkommt. Diese Erkenntnis ist wenig überraschend, da
die israelischen und römischen Gesellschaften des Altertums
agrarisch und feudalistisch geprägt waren und Unternehmertum nur in Form von Kaufleuten, Landbesitzern, Bauern und
(Klein-)Handwerkern in Erscheinung trat. Die biblischen Quellen beschäftigen sich nicht mit dem Unternehmertum an sich,
allerdings sehr wohl mit den sozialen Pflichten, die sich aus
Reichtum und Grundbesitz ergeben.

Im Alten Testament steht am Anfang der Auftrag Gottes an
den Menschen, über die ganze Erde, ihre Pflanzen und ihre
Tiere zu herrschen (Gen 1,26; 1,28f.; 9,3). Der Mensch bleibt
bei der Ausübung dieses Herrschaftsauftrages aber Gott verpflichtet. Das Land gehört Gott. Es wurde dem Menschen von
Gott gegeben: „So gab der Herr Israel das ganze Land, das er
ihren Vätern mit einem Eid zugesichert hatte. Sie nahmen es in
Besitz und wohnten darin."[7]

Dem Menschen steht lediglich ein Nutzungsrecht zu, bei
dem er andere, vor allem Bedürftige, nicht ausschließen darf
(Lev 25,35). Das Alte Testament kannte demnach kein absolutes Eigentum, das jeden Dritten von Eingriffen und Nutzung
ausschließt. Vielmehr unterlag der Grundbesitzer vielfältigen
Verpflichtungen, wie der Abgabe des Zehnten (Dtn 14,22–27),
dem Brachliegenlassen der Felder in jedem siebten, sogenannten
„Brachjahr" (Lev 25,2–7), wodurch den Bedürftigen eine Le-

---

[7] Jos 13,43.

bensgrundlage gewährleistet werden sollte. Alle fünfzig Jahre, im sogenannten „Jobeljahr", hatte der Landbesitzer den ihm überlassenen Grundbesitz an den ursprünglichen Besitzer zurückzugeben sowie (israelitischen) Sklaven ihre Freiheit zu geben.[8] Anders als der „Zehnte" und das „Brachjahr" wurde das „Jobeljahr" in dieser Form im alten Israel aber wohl nie so richtig praktiziert. Es zeigt aber die Vorstellung, welche das Alte Testament von einer gerechten Eigentumsverteilung hatte. Die ursprünglich von Gott vorgenommene Verteilung des Eigentums unter den Stämmen Israel sollte durch die von Menschen zwischenzeitlich vorgenommenen Käufe und Verkäufe nicht dauerhaft verändert werden.[9]

Auch das Neue Testament enthält keine direkten Bezüge zum Unternehmertum oder zur sozialethischen Rechtfertigung von Privateigentum. Jesus selbst lebte besitzlos (Lk 9,58) und verlangte dies auch von seinen Jüngern (Mk 1,16–20; Mt 19,29, Lk 12,33). Jesus warnte wiederholt und eindringlich vor den Folgen des Reichtums und davor, sein Herz zu sehr an seinen Besitz zu hängen. Er mahnt, dass man nicht zugleich Gott und dem Mammon dienen könne (Lk 16,13; Mt 6,19–21.24). Er warnt, keine Vorräte in irdischen Scheunen, sondern Schätze im Himmel zu sammeln (Mt 6,19–21): „Sammelt nicht Schätze hier auf der Erde, wo Motte und Wurm sie zerstören und wo Diebe einbrechen und sie stehlen, sondern sammelt Schätze im Himmel, wo weder Motte noch Wurm sie zerstören und keine Diebe einbrechen und sie stehlen. Denn wo dein Schatz ist, da ist auch dein Herz. "

---

[8] Dies galt jedoch nicht für die Sklaven fremder Völker. Diese wurden als dauerhaftes Eigentum angesehen, das den Söhnen vererbt werden durfte (Lev 25,44–46).

[9] Schockenhoff, Ethik des Eigentums, 9, Fn 17 mit weiteren Nachweisen; abrufbar unter: https://www.uni-trier.de/fileadmin/fb5/inst/IRP/Bitburger_Gespraeche_Einzeldokumente/BitburgerGespr_2008_I_Schockenhoff_19_49_geschuetzt.pdf (letzter Abruf 16.03.2020).

Und weiter heißt es in der Bibel: „Niemand kann zwei Herren dienen; er wird entweder den einen hassen und den anderen lieben oder er wird zu dem einen halten und den anderen verachten. Ihr könnt nicht beiden dienen. Gott und dem Mammon." (Mt 5,24)

Im Gleichnis vom treuen und vom schlechten Knecht ermahnt Lukas all diejenigen, die in ihren Gemeinschaften besondere Verantwortung haben (Lk 12,48): „Wem viel gegeben wurde, von dem wird viel zurückgefordert werden, und wem man viel anvertraut hat, von dem wird man umso mehr verlangen."

Diese Worte waren im biblischen Kontext nicht an Unternehmer gerichtet, sondern wohl eher als Ermahnung an die frühen christlichen Gemeinden zu verstehen. Im heutigen Sinne kann man diese Worte umfassender verstehen: Wer über größere Talente, Macht, Besitz oder über gesellschaftlichen Einfluss verfügt, der ist in besonderer Weise in der Verantwortung, diese Gaben nicht nur für sein persönliches Wohlergehen einzusetzen, sondern um seiner sozialen Verantwortung gerecht zu werden.[10] Eine gute Verwaltung der empfangenen ideellen und materiellen Güter ist Aufgabe eines jeden Menschen: „Was man empfängt, muss gut genutzt, bewahrt und vermehrt werden, wie das Gleichnis von den Talenten lehrt"[11]. Gerade Unternehmer sind hierbei angesprochen.

Die Warnungen der Bibel vor den Verführungen des Reichtums münden im Armutsideal des christlichen Mönchtums,[12] in dem Privateigentum zugunsten des klösterlichen Gemeinschaftsbesitzes vollständig aufgegeben wird.

---

[10] Marx, Das Kapital, 2008, 232.
[11] Päpstlicher Rat für Gerechtigkeit und Frieden, Kompendium der Soziallehre der Kirche, ³2014, 242; vgl. Mt 25,14–30, Lk 19,12–27.
[12] Schockenhoff, a. a. O., 11.

4. Der Unternehmer und das Unternehmertum in der kirchlichen Glaubenslehre

Man schlussfolgert zu Recht, dass in der Bibel eine „Option für die Armen" zum Ausdruck kommt. Da Jesus sich besonders für die Armen und Bedürftigen eingesetzt hat, steht die Kirche in der Nachfolge Christi in der Verantwortung, sich für die Bedürftigen und Armen in der Gesellschaft einzusetzen. Die „Option für die Armen" ist seit dem 19. Jahrhundert eine der wesentlichen Grundlagen der kirchlichen Soziallehre. Papst Franziskus hat diese Option für die Armen von Beginn an aufgegriffen und zu einem der zentralen programmatischen Inhalte seines Pontifikats gemacht.[13]

Die kirchliche Wirtschaftsethik des Mittelalters entdeckte den Unternehmer bereits im 13. Jahrhundert. Die Scholastiker und Sozialethiker der großen Orden, wie der Franziskaner Duns Scotus, Bernadin von Siena oder Domenicus Soto, erkannten, dass der Kaufmann ein für den Staat nützliches Gewerbe betreibt, das dem Gemeinwohl zugutekommt. Ihm steht deshalb auch ein Anspruch auf seinen Unternehmergewinn zu, der nicht gegen das Wucher- und Zinsverbot verstößt.[14] Umso erstaunlicher ist es, dass diese Erkenntnis in den folgenden Jahrhunderten fast vollständig in Vergessenheit geriet. Der Wiener Sozialethiker Johannes Messner nennt es einen der „erstaunlichsten Rückschläge der menschlichen Geistesgeschichte", dass eine von der Menschheit einmal klar erfasste Erkenntnis der Bedeutung des Unternehmertums für den wirt-

---

[13] Papst Franziskus, Apostolisches Schreiben Evangelii Gaudium, 2013, Rn 198; Augustin, Erfolgreich wirtschaften, 34ff.; Marx, Das Kapital, 2008, 67, 186.

[14] Messner, Das Unternehmerbild der katholischen Soziallehre, 8., in: ordo sociales, abrufbar unter: https://ordosocialis.de/pdf/messner/untbilddeua4neuBK.pdf (letzter Abruf 16.03.2020).

schaftlichen und gesellschaftlichen Fortschritt wieder verloren gehen konnte.[15]

So blieb das Unternehmertum in der kirchlichen Soziallehre des 19. Jahrhunderts zunächst ohne Bedeutung. Die Kirche beschäftigte sich intensiv mit den ethischen Fragen der Industrialisierung, dem Elend und der Armut der Arbeiterklasse. Sie „übersieht" dabei aber den Unternehmer.[16] Sie konzentriert sich auf die Lösung der existenziellen Nöte der Arbeiterschaft und auf die soziale Frage. Der Unternehmer kommt dabei nur in seiner Rolle als Arbeitgeber vor.

Wie ist dies zu erklären? Die kirchliche Soziallehre im 19. Jahrhundert und in der ersten Hälfte des 20. Jahrhunderts war stark auf die Abwehr des Marxismus konzentriert, der in der Religion „Opium des Volkes" sah. Auch die im 18. Jahrhundert entstandene Nationalökonomie, allen voran Adam Smith, sprachen anstelle vom Unternehmer lediglich vom „Kapitalisten". Dies übernimmt Karl Marx, ohne dabei die Bedeutung der Unternehmerfunktion zu erkennen.[17]

Die 1891 erschienene Enzyklika „Rerum Novarum" anerkannte das Privateigentum als Grundlage der bestehenden Wirtschaftsordnung. Sie wandte sich damit klar gegen die kommunistische Lehre und dessen Forderung nach einer Verstaatlichung des Privateigentums. Zwar betont „Rerum Novarum" die soziale Verpflichtung des Eigentums, da die Güter der Erde für alle Menschen zur menschenwürdigen Befriedigung ihrer Bedürfnisse bestimmt sind (RN, Nr. 7). Damit anerkennt sie aber auch eine Wirtschaftsordnung, die auf privatem Unternehmertum und auf einer unternehmerischen Wirtschaft basiert.[18]

---

[15] Ebd., 8.
[16] Ebd., 7.
[17] Ebd.
[18] Johannes XXIII. hat später die Enzyklika „Rerum Novarum" als die „Magna Charta einer neuen Wirtschafts- und Sozialordnung" bezeichnet (Johannes XXIII., Enzyklika „Mater et Magistra" (MM), 1961, Rdnr. 26).

Das Privateigentum und dessen Bedeutung für die menschliche Würde und die Entfaltung der menschlichen Freiheit werden von der Kirche seither respektiert. Dabei stehen allerdings von Anfang an – im Grunde bis heute – die gerechte Verteilung und die soziale Teilhabe aller im Vordergrund der kirchlichen Lehre. Die Frage, wie eine effiziente Versorgung der Menschen mit Gütern gewährleistet werden kann, tritt dabei ebenso in den Hintergrund wie die Frage, welche Bedeutung dem Privateigentum und dem Unternehmertum zukommt, um dies zu gewährleisten.

Die 1961 von Johannes XXIII. veröffentlichte Sozialenzyklika „Mater et Magistra" befürwortet die Mitbestimmung der Arbeitnehmer. Sie würdigt ausdrücklich das Privateigentum – auch an Produktionsmitteln – und betont an einigen Stellen die Bedeutung der Privatinitiative in der Wirtschaft.[19] Die Enzyklika betont zwar die Notwendigkeit von Privatinitiative, um „mehr und rationeller zu produzieren"[20], um eine menschenwürdige Versorgung der wachsenden Menschheit mit Gütern zu gewährleisten. Dass diese Aufgabe aber vorrangig durch Unternehmer zu erfolgen hat, bleibt unerwähnt.

Auch die weiteren Sozialenzykliken des 20. Jahrhunderts bleiben dieser Linie treu. Beginnend mit „Progressio populorum" im Jahre 1967 rücken dabei die Fragen der gerechten Verteilung der Güter zwischen Industrie- und Entwicklungsländern, aber auch die ökologische Verträglichkeit unternehmerischen Handelns immer stärker in den Vordergrund.

Der Päpstliche Rat für Gerechtigkeit und Frieden hat im Jahre 2004 im Auftrag von Johannes Paul II. ein „Kompendium der Soziallehre der Kirche" veröffentlicht, in dem die grundlegenden Züge der Soziallehre der katholischen Kirche auf über 400 Seiten umfassend und vollständig zusammenge-

---

[19] MM Rdnr. 51, 55.
[20] MM Rdnr. 168.

fasst werden.[21] Das Kompendium zeigt ein klares Bekenntnis der Kirche für eine marktwirtschaftliche Ordnung, eine „Unternehmenswirtschaft". Diese wird als eine Ordnung charakterisiert, in der die positive Rolle des Unternehmens, des Marktes, des Privateigentums anerkannt wird zusammen mit der daraus folgenden Verantwortung für die Produktionsmittel und die freie unternehmerische Kreativität des Menschen. Diese muss sich aber in eine feste Rechtsordnung einfügen.[22] Die Freiheit unternehmerischen Handelns, das „Recht auf wirtschaftliche Initiative", wird als unveräußerliches Recht ausdrücklich anerkannt. Betont wird auch die Bedeutung des kreativen, unternehmerischen Schöpfergeistes, die „Dimension der Kreativität" als wesentlicher Bestandteil einer „planenden, innovativen Haltung".[23] Erfolgreiches unternehmerisches Handeln schließt auch das Recht ein, einen Unternehmensgewinn zu erzielen, der allerdings „angemessen" sein muss und im Einklang mit den Interessen der im Unternehmen tätigen Mitarbeiter stehen muss.[24] Die Rollen „des Unternehmers und des Managers" sind im Kompendium zwar angesprochen, aber nicht konkret beschrieben. Kleine und mittlere Betriebe sowie Familienbetriebe werden als bedeutsame Beispiele eines auf den Menschen ausgerichteten Unternehmertums hervorgehoben. Zumeist ist neutral und nicht personalisiert von „dem Unternehmen" oder „den Angehörigen des Unternehmens" die Rede, die Träger des Wirtschaftslebens sind.

---

[21] In Deutschland veröffentlicht im Herder-Verlag 2006, zuletzt 3. Auflage 2014.
[22] Ebd., 247f.
[23] Ebd., 248f.
[24] Ebd., 251.

5. Sozialenzyklika „Caritas in Veritate" (2009)

Die im Jahre 2009 auf dem Höhepunkt der Wirtschafts- und Finanzkrise erschienene Sozialenzyklika „Caritas in Veritate" von Benedikt XVI. wendet sich erstmalig nicht nur beiläufig dem Unternehmer und seiner Aufgabe zu. Die Enzyklika anerkennt, dass „Wirtschaft" und „Unternehmen" nicht pauschaliert betrachtet werden dürfen, sondern dass nach unterschiedlichen Unternehmenstypen zu differenzieren ist. Im Mittelpunkt steht dabei allerdings die von Benedikt XVI. geforderte Modernisierung des Konzepts der sozialen Marktwirtschaft um den Bereich der Zivilgesellschaft. In der Zivilgesellschaft haben auch das Prinzip und die Logik der Unentgeltlichkeit als Ausdruck der Brüderlichkeit ihren Platz.[25]

Im Einzelnen heißt es dort (Nr. 41): „In diesem Zusammenhang ist es hilfreich, darauf hinzuweisen, dass die unternehmerische Tätigkeit eine mehrwertige Bedeutung hat und dieser immer mehr gerecht werden muss. Die seit längerer Zeit vorherrschende Kombination Markt-Staat hat uns daran gewöhnt, nur an den privaten Unternehmer nach kapitalistischer Art und andererseits an den Leiter staatlicher Unternehmen zu denken. In Wirklichkeit ist ein differenziertes Verständnis der unternehmerischen Tätigkeit erforderlich (…) Die unternehmerische Tätigkeit hat noch vor ihrer beruflichen eine menschliche Bedeutung. Sie ist Teil einer jeden Arbeit, wenn sie als ‚actus personae' betrachtet wird; daher ist es gut, jedem Arbeitnehmer die Möglichkeit zu geben, seinen persönlichen Beitrag zu leisten, so dass er selbst ‚das Bewusstsein hat, im eigenen Bereich zu arbeiten'."

Leider verzichtet die Enzyklika darauf, den Gedanken der Eigentümerverantwortung zu betonen und hier die besondere Bedeutung von Eignerunternehmern bzw. Familienunternehmern in der Marktwirtschaft herauszustellen, die sich gerade

---

[25] Caritas in Veritate, Nr. 39.

im Angesicht der Finanzkrise 2009 von den Missständen in großen Finanzunternehmen klar und deutlich abhoben.

6. „Zum Unternehmer berufen!" (2011)

Im Februar 2011 veranstaltete der Päpstliche Rat für Gerechtigkeit und Frieden eine internationale Konferenz unter dem Titel „Caritas in Veritate: Die Logik des Schenkens und seine Bedeutung in der Wirtschaft". Die Ergebnisse dieser Veranstaltung wurden in einer „Handreichung" zusammengefasst mit dem Titel „Zum Unternehmer berufen!"[26] Zwar handelt es sich hierbei um kein kirchliches Lehrschreiben, doch mit dieser Handreichung wendet sich die katholische Kirche erstmalig direkt an den „Unternehmer" und würdigt dessen Rolle in der Wirtschaft und Gesellschaft.

Die Handreichung würdigt, dass Unternehmer in hervorragender Weise am Schöpfungshandeln Gottes teilnehmen, indem sie produktive Organisationen schaffen, Waren und Dienstleistungen bereitstellen und diese durch Innovation fortwährend verbessern.[27] Adressat dieser Handreichung sind ausweislich des Vorworts sämtliche „Führungskräfte in der Wirtschaft", unabhängig davon, ob diese in „Genossenschaften, multinationalen Konzernen, Familienunternehmen, Sozialunternehmen oder gemeinnützigen Organisationen" tätig sind.[28] Es ist verständlich, dass hier ein möglichst breiter Adressatenkreis gewählt werden sollte, allerdings um den Preis, dass auf eine differenzierte Betrachtung der Rolle unterschiedlicher Führungskräfte in andersartigen Unternehmen gänzlich ver-

---

[26] Päpstlicher Rat für Gerechtigkeit und Frieden, Zum Unternehmer berufen!, Rom/ Köln September 2012; die deutsche Ausgabe dieser Handreichung erfolgte in Zusammenarbeit mit dem Bund Katholischer Unternehmer.
[27] Ebd., Rdnr. 7, 8.
[28] Ebd., Vorwort.

54

zichtet wird. Das Schreiben folgt hier der Tradition Benedikts XVI., der in „Caritas in Veritate" die Mischung unterschiedlicher Formen unternehmerischen Handelns begrüßt hat.[29] Dies entspricht allerdings nicht der Realität der meisten Volkswirtschaften. Die hier angesprochenen Mischungen zwischen Staatsunternehmern, Selbstständigen, Genossenschaften, Start-Ups, Sozialunternehmern, Private-Public-Partnerships, Familienunternehmen, börsennotierten Unternehmen und Private-Equity-Unternehmen stellen vereinzelte Sonderformen dar, sie stellen jedoch nicht den Normalfall dar. Gerade in der ethischen Ausrichtung der Geschäftspolitik dieser Unternehmensformen zeigen sich vielmehr erhebliche Unterschiede, die eine differenzierte Betrachtung verlangen.

Als die drei wesentlichen Ziele wirtschaftlichen Handelns nennt die Handreichung:
1. Die Befriedigung echter menschlicher Bedürfnisse durch die innovative Entwicklung und Produktion von Waren und Dienstleistungen,
2. die Organisation guter und produktiver Arbeit und
3. die nachhaltige Nutzung von Ressourcen zur Schaffung von Wohlstand für alle.[30]

Für die praktische Arbeit betont das Schreiben die Bedeutung sozialethischer Prinzipien, die bei jeder unternehmerischen Entscheidung zu beachten sind. Zentrale ethische Prinzipien sind die Würde des Menschen und das Gemeinwohl. Die Menschenwürde wird dabei zu Recht als „Grundstein der sozialethischen Tradition der Kirche"[31] bezeichnet, was auch in allen Sozialenzykliken der Kirche zum Ausdruck kommt:

---

[29] Benedikt XVI., Enzyklika Caritas in Veritate, 2009, Nr. 38, 40.
[30] Päpstlicher Rat für Gerechtigkeit und Frieden, a. a. O., Rdnr. 38.
[31] Ebd., Rdnr. 30.

„Weil er nach dem Bild Gottes geschaffen ist, hat der Mensch die Würde, Person zu sein; er ist nicht bloß etwas, sondern jemand."[32]

Oder anders ausgedrückt: Der Mensch muss immer Subjekt und nicht Objekt unternehmerischen Handelns sein. Der Mensch findet seine Vollendung nicht im materiellen Überfluss des Diesseits, sondern immer in seiner jenseitigen Bestimmung zur ewigen Gemeinschaft mit Gott.[33] Sowohl der Mangel als auch der Überfluss materieller Ressourcen sind Hindernisse auf dem Weg zu diesem eigentlichen Ziel. „Niemand kann zwei Herren dienen", wie es dazu im Matthäus-Evangelium (Mt 6,24) heißt.

Das zweite fundamentale Prinzip besteht in der Ausrichtung des unternehmerischen Handelns am „Gemeinwohl". Dieses Grundprinzip hatte insbesondere Benedikt XVI. in „Caritas in Veritate" in den Mittelpunkt gestellt. Dabei versteht die Kirche Gemeinwohl als „die Gesamtheit jener Bedingungen des gesellschaftlichen Lebens, die sowohl den Gruppen als auch den einzelnen Gliedern ein volleres und leichteres Erreichen der eigenen Vollendung ermöglichen"[34].

In der Wirtschaft schafft dabei der Aufbau eines Unternehmens ein gemeinsames Gut, von dem alle Beteiligten (bzw. Stakeholder) ihren Nutzen haben und von dem keiner ausgeschlossen werden darf. Die Soziallehre der Kirche wendet sich dabei ausdrücklich gegen das um sich greifende „Nützlichkeitsdenken" in Wirtschaft und Gesellschaft, bei dem Manager, Arbeitnehmer, aber auch Konsumenten einen immer größeren individuellen Anteil dieser Güter für sich beanspruchen und

---

[32] Päpstlicher Rat für Gerechtigkeit und Frieden, Kompendium der Soziallehre der Kirche, 2014, Rdnr. 108.
[33] Päpstlicher Rat für Gerechtigkeit und Frieden, Zum Unternehmer berufen, Rdnr. 33.
[34] Ebd., Rdnr. 34, unter Verweis auf das II. Vatikanische Konzil, Pastorale Konstitution Gaudium et Spes, 26.

sich von der Frage leiten lassen: „Was habe ich davon?"[35] Leitbild unternehmerischen Handelns soll aber nicht der Spekulant
sein, der seinen persönlichen Nutzen maximiert, sondern der
Unternehmer, der am Gemeinwohl mitbaut.[36]

Aus alledem leitet die Handreichung sechs Prinzipien für den
Unternehmer und für unternehmerisches Handeln ab, die man
zusammen mit den vorgenannten Zielen als Eckpunkte einer
Ethik des Unternehmertums verstehen kann:[37]

1. Unternehmen sollen Güter produzieren, die wirklich gut
   sind, und Dienstleistungen anbieten, die wirklich dienen.
2. Unternehmen sollen Solidarität mit den Armen üben, indem
   sie aufmerksam sind für die Möglichkeiten, Menschen zu
   dienen, die zu den unterprivilegierten und unterversorgten
   Gruppen der Gesellschaft gehören.
3. Unternehmen sollen die besondere Würde der menschlichen
   Arbeit fördern.
4. Unternehmen sollen subsidiäre Organisationsstrukturen
   schaffen, um Mitarbeitern die Möglichkeit zu geben, in angemessener Weise eigenverantwortlich zu handeln und zu
   entscheiden.
5. Unternehmen sollen Vorbilder bei der (schonenden) Nutzung von Ressourcen sein, die sie empfangen haben, seien
   sie finanzieller, menschlicher oder natürlicher Art.
6. Unternehmen sollen ihre Ressourcen gerecht auf alle Beteiligten (Stakeholder) verteilen, hierunter zählen vor allem
   Mitarbeiter, Kunden, Investoren, Zulieferer und die Gemeinschaft (Gesellschaft).

---

[35] Päpstlicher Rat für Gerechtigkeit und Frieden, Zum Unternehmer berufen,
Rdnr. 24.
[36] Ebd., Rdnr. 41.
[37] Ebd., S. 17 (vor Rdnr. 45).

7. Das Pontifikat von Franziskus

Betrachtet man die Verlautbarungen der Kirche der letzten Jahre, so findet der Unternehmer zwar Erwähnung, bleibt aber weiterhin ein Randthema. In der Enzyklika „Laudato Si" nennt Papst Franziskus das Unternehmertum, das zur Schaffung von Arbeitsplätzen führt, eine „vornehme Aufgabe"[38]. Im Apostolischen Schreiben „Evangelii Gaudium" nennt Franziskus die Arbeit des Unternehmers „eine edle, solange sie dem Gemeinwohl dient und auf den richtigen Werten basiert"[39]. Wahrscheinlich wird aber ein anderer Satz in der Öffentlichkeit viel eher mit dem bisherigen Pontifikat von Franziskus und seinem Verhältnis zur Wirtschaft in Verbindung gebracht, der lautet: „Diese Wirtschaft tötet"[40]. Diese drastische Wortwahl des Papstes hat sehr unterschiedliche Reaktionen in der Öffentlichkeit hervorgerufen. Die Schärfe der Wortwahl hat viele überrascht. Heute wissen wir, dass Franziskus wiederholt auf eine sehr drastische Wortwahl zurückgreift, um wachzurütteln und auf gesellschaftspolitische Missstände hinzuweisen. In der deutschen Übersetzung heißt es wörtlich: „Ebenso wie das Gebot ‚du sollst nicht töten' eine deutliche Grenze setzt, um den Wert des menschlichen Lebens zu sichern, müssen wir heute ein ‚Nein zu einer Wirtschaft der Ausschließung und Disparität der Einkommen' sagen. Diese Wirtschaft tötet. "

Es wurde von zahlreichen Kommentatoren[41] und Kirchenvertretern[42] zu Recht darauf hingewiesen, dass dieses Zitat der „tötenden Wirtschaft" sich nicht auf die marktwirtschaftliche

---

[38] Rdnr. 129 am Ende.
[39] Nr. 203.
[40] Papst Franziskus, Apostolisches Schreiben Evangelii Gaudium, 2013, Nr. 53.
[41] Z. B. Abmeier, Kapitalismuskritik, Kulturkritik und Reformen in der Kirche, Konrad Adenauer Stiftung, Analyse und Argumente Nr. 138 / Januar 2014, 6ff.
[42] Adrianus von Luyn, Vortrag BKU-Frühjahrstagung 2014 in Speyer, 3; Woelki, Zurück zum Wort, Tagesspiegel 27.11.2013.

Ordnung als solche bezieht – wie manche das Zitat verstanden wissen wollten –, sondern auf eine Wirtschaft der Ausschließung, was im englischen Text der Übersetzung deutlich klarer zum Ausdruck kommt, wo es heißt: „SUCH an economy kills". Dass es sich hier um keine fundamentale Kapitalismuskritik handeln soll, zeigt die Betonung der Bedeutung des Unternehmertums an anderer Stelle. Allerdings wird durchaus deutlich, dass der Papst eine deutlich kritischere Haltung zur Marktwirtschaft einnimmt als viele seiner Vorgänger. Er geißelt die „absolute Autonomie der Märkte und die Finanzspekulation"[43] und sieht diese als wesentliche Ursache für Ausgrenzung und Ungleichheit. Er übersieht dabei allerdings, dass Ungleichheit in vielen Gesellschaften Folge nicht marktwirtschaftlicher, sondern vermachteter Strukturen ist, in denen marktwirtschaftliche Mechanismen gerade nicht funktionieren. Außerdem ist die ungleiche Verteilung von Grund und Boden – etwa in Süd- und Lateinamerika – eher Folge historischer, vor allem nicht überwundener postkolonialer Strukturen als marktwirtschaftliche Folge. Aus dem deutschen Blickwinkel ist dem zu Recht entgegengehalten worden, dass das Konzept der Sozialen Marktwirtschaft und des Ordoliberalismus der Freiburger Schule einer solchen Vermachtung der Märkte und der Ausgrenzung gerade entgegenwirken soll.[44]

Die hierzu in den vergangenen Jahren geführte Diskussion zeigt jedoch in aller Klarheit, dass eine stärkere Differenzierung unterschiedlicher Unternehmensformen in den kirchlichen Verlautbarungen dringend vonnöten ist. Pauschalierungen wie „die Finanzmärkte", „das Unternehmen" oder „die Wirtschaft"

---

[43] Nr. 56, 202.
[44] Abmeier, Kapitalismuskritik, Kulturkritik und Reformen in der Kirche, Konrad Adenauer Stiftung, Analyse und Argumente Nr. 138 / Januar 2014, 5ff. mit weiteren Nachweisen zur deutschen Diskussion. Siehe auch Wiemeyer, Evangelii Gaudium – das Programm eines Pontifikats, Die Neue Ordnung Nr. 2/2014, Institut für Gesellschaftswissenschaften Walberberg e.V., Bonn, 100, 104ff.

werden der Komplexität unterschiedlicher Unternehmensformen, zumal im globalen Kontext, nicht mehr gerecht. Sie führen vielmehr dazu, dass viele Unternehmer sich von der Kirche abwenden, da sie sich in ihrer Rolle, ihrer Verantwortung und den von ihnen gelebten ethischen Prinzipien zu wenig verstanden fühlen.

8. Fazit

Ist die christliche Glaubenslehre unternehmerfeindlich? Man kann diese Frage mit einem klaren „Nein" beantworten. Allerdings wird man sie durchaus als „kapitalismuskritisch" bezeichnen dürfen. Es gibt ebenso eine lange kirchliche Tradition der Kritik an Reichtum, die ihre Wurzeln in der Bibel, der urchristlichen Gemeinde, den frühen Kirchenvätern, der mittelalterlichen mönchischen Tradition der Besitzlosigkeit bis hin zur kirchlichen Soziallehre des 19. und 20. Jahrhunderts hat. Der heutige Papst Franziskus bekennt sich bereits mit seiner Namensgebung zu dieser Tradition.[45] Es wäre allerdings falsch, hieraus die Schlussfolgerung zu ziehen, Reichen „sei grundsätzlich der Weg zum Himmelreich" versperrt. Vielmehr verpflichtet Reichtum – noch viel mehr Unternehmertum – mit den anvertrauten Menschen und Gütern verantwortungsvoll umzugehen. Dies beinhaltet die Forderung, keine Menschen von der gesellschaftlichen Teilhabe und der Sicherung ihres Existenzminimums auszuschließen, gerechte und sichere Arbeitsbedingungen zu bieten und schonend mit den Ressourcen und natürlichen Lebensgrundlagen umzugehen.

Oder um es mit den Worten von Papst Franziskus zu sagen: „Die Tätigkeit eines Unternehmers ist eine edle Arbeit, vorausgesetzt, dass er sich von einer umfassenderen Bedeutung des Lebens hinterfragen lässt, das ermöglicht ihm, mit seinem Be-

---

[45] In diesem Sinne auch Abmeier, a. a. O., 6.

mühen die Güter dieser Welt zu mehren und für alle zugänglicher zu machen, wirklich dem Gemeinwohl zu dienen."[46]

Aus Unternehmersicht wäre es hierbei wünschenswert, dass die Kirche „die Wirtschaft" sehr viel differenzierter wahrnimmt, als dies bisher in vielen Verlautbarungen zum Ausdruck gekommen ist. Jedenfalls unter Eigentümerunternehmern bzw. Familienunternehmern in Europa herrscht schon seit langem eine Unternehmensethik vor, die der Verantwortung für Mitarbeiter, Kunden, die Gesellschaft und die natürlichen Lebensgrundlagen in besonderer Weise gerecht wird.

---

[46] Papst Franziskus, Evangelii Gaudium, Nr. 203; im Italienischen: „*La vocazione di un imprenditore è un nobile lavoro*", was im Deutschen wohl treffender mit „Die Berufung des Unternehmers …" zu übersetzen wäre.

Friedhelm Loh, Rainer Kirchdörfer

Glaubend wirtschaften.
Kann die christliche Botschaft die heutige Wirtschaft noch prägen? – Ein Interview[1]

Rainer Kirchdörfer: Ich hatte die Gelegenheit gestern mit einem Kollegen von Professor Loh zu sprechen, einem ehemaligen Vorstandskollegen des Verbandes der Elektroindustrie, deren Präsident Professor Loh lange Jahre war und dessen Ehrenpräsident er heute ist. Diesem habe ich berichtet, dass ich die Freude hätte, mit Herrn Loh ein Interview zu führen. Dann hat er gelacht, woraufhin ich fragte: „Warum lachen Sie denn?" Er wiederum: „Wenn Sie mit Herrn Loh sprechen, dann führen Sie gar nicht. Führen tut nur Herr Loh. Er sagt, was er will, und leiten lässt er sich nicht einmal von Ihnen. Er weiß schon, wer ihn wirklich führt."

Wir beobachten aktuell nicht nur in Unternehmen – dazu wird Herr Loh sicher gleich auch noch Stellung nehmen –, sondern auch bei den jungen Unternehmensnachfolgern, dass wirklich nach Führung und Orientierung gesucht wird. Wir müssen uns darüber im Klaren sein, dass die jungen Menschen, die nach Führung und Orientierung suchen, diese auch finden werden. Die Frage ist nur, wo finden sie sie und wo suchen sie sie.

Es freut mich Herr Loh, dass wir uns heute sehen. Es freut mich auch, dass wir hier sind, an der Philosophisch-Theologischen Fakultät. Einmal freue ich mich, dass Sie als Christ, als unter-

---

[1] Das Interview wurde im Rahmen des Symposions „Ich bin eine Mission" vom 22.–24.03.2019 in Vallendar geführt. Der Text entspricht bis auf einige wenige Anpassungen zur besseren Lesbarkeit dem gesprochenen Wort.

nehmerischer Christ, auch öffentlich Ihr Christsein praktizieren. Wir haben sehr viele christliche Unternehmer in Deutschland, die aber öffentlich nicht so zu ihrem Glauben, zu ihrer Mission stehen wie Sie. Zweitens freut es mich, dass die Universität Vallendar sich den Dialog zwischen Religion und Wirtschaft so auf die Fahnen geschrieben hat. Das ist ein Anliegen, dass auch mir und unserer Stiftung Familienunternehmen wichtig ist. Drittens der ökumenische Ansatz gefällt mir gut: An einer katholischen Hochschule spricht ein evangelischer Christ, der der Landeskirche angehört, der im pietistischen Umfeld groß geworden ist, mit einem Mitglied einer evangelischen Freikirche. Wie kann man Ökumene mehr leben?! Viertens hat Herr Loh in unserem Buch „Wertewandel mitgestalten" einige Beiträge zu diesem Thema geleistet und wird uns einen Einblick dazu geben.

Zum Ablauf des Gesprächs schlage ich Folgendes vor:

Wir unterhalten uns zuerst einmal über den Menschen Friedhelm Loh. Dann über sein Menschenbild und sein Weltbild. Sodann sprechen wir über Christ- und Unternehmersein im Handeln und zuletzt kommt die Frage: Was gibt das christliche Fundament Ihnen ganz persönlich als Unternehmer.

Beginnen wir mit der Person Friedhelm Loh: Sie sind kurz nach dem Krieg geboren, in Trümmern sozusagen groß geworden, 1946, Deutschland lag am Boden. Haben Sie das christliche Gen in der Familie geerbt? Haben Sie vielleicht auch das Unternehmer-Gen bereits eingesogen? Also vielleicht etwas über die Kindheit …

Friedhelm Loh: Ich bin sehr dankbar für meine Eltern, für mein Elternhaus, für meine Geschwister. Ich durfte in einer Familie aufwachsen, die vom Glauben geprägt, aber nicht nur geprägt war, sondern Glaube gelebt hat. Und ich glaube, das ist ganz wichtig. Meine Eltern waren aktive Christen in der Gemeinde, in der sie lebten. Mein Vater war darüber hinaus in verschiedenen christlichen Werken unterwegs. Wir haben als Kinder erstmal erleben und lernen dürfen, wie Eltern Glauben ernst nehmen und wie das wirklich im Alltag stattfindet. Ob es das gemeinsame Gebet war oder das gemeinsame Lied nach dem Essen, oder ob das der Gesprächsstoff war, worüber man sich unterhielt: Natürlich über Unternehmertum, aber damals war ich noch viel zu klein, um zu verstehen, was das heißt. Wir gingen in die Gemeinde, waren Teil der Gemeinde. Das war eine Selbstverständlichkeit. Und deswegen ist das, was man als Kind, glaube ich, erlebt, was ich erleben durfte, prägend für das ganze Leben. Selbst wenn man dazwischen irgendwie mal andere Gedanken hat und andere Wege geht. Das vergisst man nie.

Hinzu kam, dass meine Eltern schon Unternehmer waren. Mein Vater hat 1947 das erste Unternehmen gegründet; gerade in der kritischen Zeit mit Produkten, die in die Zeit passten: vom Krankenhausbett bis zur Gießkanne. Das erlebten wir ganz hautnah. Mein Vater hatte damals drei Mitarbeiter, als er anfing.

Mein Vater war ein Mann, der über seinen Tellerrand immer weit hinaus geguckt hat, und das haben wir Kinder auch gelernt. Er war ein sehr weiser Mann. Er war ein sehr interessierter Mann und er war ein neugieriger Mann, der nach neuen Wegen suchte. Er war ein Mann, der initiativ war, voller Ideen und auch versuchte, es umzusetzen. Und so war er dann auch in vielen christlichen Werken aktiv, ob das das ERF damals war oder die Bibelschule Wiedenest. Selbst Altenheime hat er mitgegründet und vieles andere. Und das machte eigentlich das Leben der Familie aus und war auch Kern der Familie. Von daher bin ich in einem sehr bewahrten Elternhaus groß geworden, mit vielen Dingen, die ich damals so mitbekommen habe, sicherlich manches damals vielleicht auch unbewusst mitbekommen habe, und die mich, wie gesagt, bis heute prägen. Das Lebensvorbild meiner Eltern war für mich so einprägsam, dass ich mich heute gerne daran zurückerinnere und es sehr wertschätze.

Kirchdörfer: Ihr Vater war auch praktizierender Christ. Erinnern Sie sich an Fälle in Ihrer Jugend, wo Sie gedacht haben: „Mensch, da hat jetzt mein Vater im Unternehmen etwas gemacht, was meinem christlichen Bild überhaupt nicht entspricht"?

Ich selber stamme aus einem kleinen Unternehmen und war im CVJM, den Sie auch fördern, und habe da für mich persönlich meine christliche Basis gefunden. Auch ich habe manchmal gedacht: „Was Vater da macht, ist nicht gerade christlich!" – Obwohl ich aus einem christlichen Elternhaus stamme.

Loh: Also wenn es solche Themen gab, wurden die zwischen meiner Mutter und meinem Vater abgehandelt. Ich war Zuhörer. Wir kommen ja noch aus einer Generation, wo man die Ehrfurcht vor den Eltern hatte. Von daher war es gar nicht gefragt, ob wir das gut oder schlecht fanden. Das war nicht unbedingt das Thema. Wir durften das miterleben. Wir durften zugucken und wir konnten daraus lernen. Natürlich gab es Dinge, die man als Kind hinterfragt hat, aber ich glaube, selbst als Jugendlicher muss man einfach wissen, dass man angesichts der Komplexität der Wirtschaftswelt einfach die Füße drin haben muss, bevor man meint, man müsste etwas beurteilen können.

Aber mein Vater war so vorbildlich, auch in seinem Unternehmen. Er hat in Betriebsversammlungen klar seinen Glauben bekannt, vor den Mitarbeitern. Er hat vieles, was er entschieden hat, vorher wirklich intensiv durchbetet. Das haben wir als Familie miterlebt, dass er da gekämpft hat und gerungen hat, um die richtigen Entscheidungen. Und dann wird man natürlich auch als junger Mensch etwas vorsichtig mit kritischen Bemerkungen an dieser Stelle. Ich habe gelernt. Ich habe zugehört, was nicht unbedingt meine Stärke war in den Jahren, aber ich habe es getan.

Kirchdörfer: Ich habe die Zeitung, die zu Ihrem 70. Geburtstag aufgelegt wurde, sehr sorgfältig gelesen und da war ein Artikel

Ihrer Schwester drin. In dem beschrieb sie Sie als „erwachsenen Lausbub" und dann kam aber nicht mehr sehr viel dazu, worin denn das Lausbübische liegt. Dann kam ein Artikel eines alten Schulfreundes und der berichtet darüber, dass Sie Gabelstapler-rennen in den Lagerhallen Ihres Vaters gemacht haben, dass Sie heimlich geraucht haben, Mäuse gejagt haben auf eine nicht gerade tierschutzgerechte Art: mit dem Wasserschlauch und dem Holzpantoffel. Der Gipfel war sozusagen die Spritztour mit Vaters Mercedes – natürlich ohne Führerschein. Erinnert mich auch an meine Jugend.

Vielleicht abschließend zu dem Thema „der Mensch Friedhelm Loh": Sie haben drei Kinder. Wenn Sie heute Ihre Kinder Revue passieren lassen, haben Sie in der Erziehung bei solchen Dingen großzügig „Schwamm drüber!" gedacht oder haben Sie nach dem Prinzip „Kleine Sünden bestraft der Herr sofort" gehandelt und in derselben Konsequenz und Strenge agiert, in der Sie Ihr eigenes Unternehmen führen?

Loh: Sie wissen doch, wenn man sich selber auf der Herdplatte die Finger verbrannt hat, vermittelt man diesen Vorgang den Kindern wesentlich intensiver, als wenn man das nie erlebt hätte. Also von daher; ja, ich war wirklich ein Lausbub. Das sei gesagt. Ich war ein schlechter Schüler. Ich habe keinen gescheiten Schulabschluss zustande gebracht, weil mein Leben in ganz anderen Kategorien stattfand. Mich interessierte alles, was drehte, also Maschinen, Anlagen, Autos, was dazu gehörte. Das interessierte mich zehnmal mehr als Schule. Meine Eltern haben mit mir eine sehr schwere Zeit gehabt, um mich irgendwo überhaupt in eine Schule reinzukriegen und auch zu versuchen, dass da noch irgendwas im Kopf hängen blieb. Das musste ich später dann nachholen. Aber ich glaube, ich habe von meinen Eltern viel Wertvolles erlebt, was hoffentlich meine Kinder in ihrem Leben weitergebracht hat.

Kirchdörfer: Wir schwenken vom Thema „Friedhelm Loh als Person" nun zum Menschenbild von Friedhelm Loh. In unserem Wertebuch haben Sie, Herr Loh, geschrieben: „Für mich ist das Welt- und Menschenbild des christlichen Glaubens das unaufgebbare Fundament für mein privates Leben, wie auch für meinen unternehmerischen Alltag."

Der israelische Historiker Yuval Harari, viele werden ihn kennen, weil er gerade einen Bestseller veröffentlicht hat mit dem Titel „Eine kurze Geschichte der Menschheit", hat geschrieben: „In einer der erstaunlichsten Wendungen der Menschheitsgeschichte gelang es dieser kleinen jüdischen Sekte die Herrschaft über das mächtige römische Weltreich zu erlangen. Seither gehören monotheistische Religionen zu den Protagonisten der Weltgeschichte."

Herr Loh, wie sieht Ihr Weltbild des christlichen Glaubens vor dem Hintergrund dieses Zitats aus?

Loh: Ich habe ihn selbst nicht gelesen, deswegen ist es schwer, sich darauf zu beziehen; aber mein christliches Menschenbild ist aus der Bibel geprägt. Jesus Christus, aber auch seine Boten auf dieser Welt haben in den biblischen Aussagen ein klares Menschenbild gezeichnet. Gott hat selbst gesagt, dass die Menschen sein Ebenbild sind, und ich glaube, ein größeres Kompliment können wir als Menschen überhaupt nicht bekommen. Dass wir Gottes Ebenbild sein dürfen – das ist ein ganz besonders großes Privileg. Wenn wir die Geschichte Gottes mit den Menschen durch die Bibel verfolgen, dann ist es seine Zuwendung, sein Interesse an unserem Leben und vor allen Dingen sein Auftrag an uns, Menschen menschenwürdig zu behandeln. Er spricht von Nächstenliebe. Er spricht von Zuwendung. Er gibt uns Verantwortung in das Leben hinein als Christen für die Mitmenschen, mit denen wir leben und leben dürfen. Von daher ist das Menschenbild ein dem Menschen zugewandtes, offenes Bild.

Kirchdörfer: Wenn man mit dem evangelischen Theologen Bitter unter Weltbild die Zusammenfassung aller gegenständlichen Anschauungen der Welt versteht und wir die 2000 Jahre alte Geschichte der Bibel betrachten, können wir dann behaupten, dass das Weltbild, das vor 2000 Jahren durch die Bibel vorgezeichnet wurde, ein solches ist, mit dem wir heute noch in unserer modernen Gesellschaft als Unternehmer agieren können?

Loh: Es ist nicht die Frage, ob wir damit agieren können, sondern es ist eine Hilfe im Leben. Das fängt beim Unternehmer an, wie er sich selber versteht. Ich verstehe mich als Dienender in einem Unternehmen. Es geht darüber hinaus, wie ich mit Menschen umgehe, wie ich mit ihnen rede, wie ich Verantwortung lebe. Ich glaube, dass der Ursprung wirklich die Welt geprägt hat, denn die Nationen, die über viele Jahre die Welt geprägt haben, sind die christlichen Nationen. Nicht nur haben sie die Welt geprägt. Wenn Sie die ganzen Sozialsysteme nehmen; da gäbe es jetzt vieles aufzuzählen. Sie sind aus dem christlichen Glauben entstanden. Sie sind entstanden aus der Forderung Gottes an uns Menschen, dass wir in Verantwortung mit der Schöpfung umgehen und mit den Menschen, mit denen wir zu tun haben. Ich glaube, wir erleben gerade, dass wir in den zivilisierten Gesellschaften das oft vergessen, während die Menschen, die jetzt die Freiheit erlangen, sich diesem Glauben zuwenden, weil sie genau das darin finden, was sie vermissen, nämlich die Wertschätzung des Menschen.

Kirchdörfer: Sie haben einmal geschrieben: „In manchen Unternehmensleitbildern vermisse ich die unbedingte Wertschätzung des Menschen." Ist es das, was Sie gerade ausdrücken wollten? Würden Sie damit auch sagen, dass viele Ihrer unternehmerischen Kollegen, auch in Familienunternehmen, im Prinzip den Menschen nicht mehr an erste Stelle ihrer unternehmerischen Leitbilder sehen?

Loh: Ich glaube, das kann man so pauschal nicht sagen. Das ist auch eine Motivationslage und jeder Mensch ist in seinem Verantwortungsbild gegenüber allen anderen anders. Aber ich glaube, dass wir Christen gerade an dieser Stelle eine ganz besondere Verantwortung haben. Wir müssen Zeichen setzen, selbst in kritischen Zeiten. Dann, wenn es schlechte Nachrichten gibt, dann gerade muss sich das Christentum bewähren. Wir kommen wirtschaftlich nicht daran vorbei. Das können wir nicht vermeiden, in einer sich dauernd verändernden Welt. Aber es ist immer die Frage, inwieweit wir den anderen Menschen als Geschöpf Gottes sehen und damit auch in Verbindung bringen, wie wir mit ihm reden, wie wir kommunizieren und wie wir auch mitleiden, wenn es darum geht, dass wir Dinge entscheiden müssen, die den Menschen nicht gefallen und dann auch manchmal nicht guttun.

Das ist eine pauschale Frage, die kann man eigentlich nicht pauschal beantworten. Denn unsere Gesellschaft ist nun mal zum Glück *noch* christlich geprägt. Von daher ist vieles auch in der Wirtschaft, ob bewusst oder unbewusst, aus dem christlichen Verständnis ethisch geprägt. Die meisten Leute, die über Werte reden, wissen gar nicht, woher das kommt. Ich frage solche Leute, die tolle Vorträge über Werte halten, immer wieder, woher sie das alles wüssten und warum das alles so gut ist, was sie da erzählen. Ich werde dann meistens mit großen Augen angeguckt und dann beantworte ich meist selbst die Frage mit: „Sie müssten eigentlich Pastor werden!" – „Ja, wieso das denn?" – „Ja, Sie haben gerade eine Predigt gehalten." – „Wieso das denn?" – „Sie haben so viel aus der Bibel zitiert, ohne die Stellen anzugeben. Da sollten Sie doch mal genauer hinschauen." Ich glaube wir sind mehr geprägt durch den christlichen Glauben, als wir selber im Alltagsgeschäft feststellen.

Kirchdörfer: Würden Sie angesichts von Themen wie „Globalisierung", „Ökonomisierung", „Pluralisierung" und „Liberalisierung" noch sagen, dass das christliche Menschenbild ein einheitlich von allen getragenes Menschenbild ist? Schaut man z. B., was in China gerade passiert, so bekommt diese Frage eine ganz neue Bedeutung.

Loh: Ich sehe das von einer ganz anderen Seite. Wir haben eine lange Zeit der geschichtlichen Trennung und des geschichtlichen Wettbewerbs hinter uns und wir dürfen mit dem Fall der Mauer in eine Zeitepoche der offenen Grenzen eintreten. Wir haben früher viel gejammert, dass wir unheimliche Schwierigkeiten haben, das Evangelium in die Welt zu bringen, und Gott hat uns innerhalb kürzester Zeit Kommunikationsmittel gegeben, von denen wir keine Ahnung hatten. Nehmen Sie das Internet, Sie können heute die biblische Botschaft über die ganze Welt schicken. Die offenen Grenzen haben uns ermöglicht, in viele Länder zu reisen, mit den Menschen zu reden. Wir haben eine Situation gehabt – ich glaube diese Zeit geht jetzt zu Ende –, wo wir kein Argument mehr hatten gegenüber Gott, warum sein Evangelium nicht in die Welt gehen konnte. Und ich glaube, wir werden irgendwann mal zur Rechenschaft gezogen, was wir mit dieser Freiheit, die Gott uns gegeben hat, nachdem unsere Eltern-Generationen darüber geklagt haben, dass wir als Christen keinen richtigen Zugang zu diesen Völkern und diesen Ländern hatten, gemacht haben. Er wird uns einmal die Frage stellen, ihr habt lange darum gerungen und mich gebeten die Welt zu öffnen, dann hab ich sie euch aufgemacht und was habt ihr Christen damit gemacht? Und ich glaube, das hat die Welt mehr geprägt als wir glauben. Und zwar aus der Situation heraus, dass die Verflachung des christlichen Glaubens in den Wohlstandsgesellschaften uns teilweise auch den Glauben genommen hat, während in den Gesellschaften, wo der Druck, welcher Art auch immer, durch die Veränderungen, die dort geschehen sind, die Menschen viel mehr in die Glaubensfragen hineingetrieben hat, als das bei uns der Fall war. Ich glaube, dass auch in Zukunft die Chance des Christentums als die befreiende Botschaft für die Menschen viele Anhänger haben wird und heute jeden Tag ein Stückchen näher an der Realität ist.

Kirchdörfer: Zurückkommend auf die Verhältnisse in China: Ich glaube, viele von uns wussten nicht, was dort gerade passiert. Ich war ganz begeistert davon, was sich im Glauben dort abspielt und vor allem, welchen Gefahren Christen sich selbst aussetzen, indem sie die Kirche im Wohnzimmer organisieren. Als Unternehmer bieten Sie, Herr Loh, auch viele Angriffsflächen, gerade wenn es um das Thema Menschenbild geht. Und Ihnen wurde in der Vergangenheit häufig vorgeworfen, Sie würden in Ihren Taten gegen Ihr christliches Menschenbild verstoßen. Wir wissen alle, wie schwer es ist, als Unternehmer im Verhältnis zu Mitarbeitern richtig zu handeln, weil man naturgemäß Gewinne erwirtschaften muss, nicht wegen der Gewinne selbst, sondern weil man sonst auch keine Menschen beschäftigen kann. Sie haben sich gegen den Mindestlohn ausgesprochen, Sie hatten zeitweise auch Sonntagsarbeit angeordnet und Sie hatten im Rahmen der Konsolidierung ihrer Betriebe in Haiger auch eine Personalpolitik betreiben müssen, die nicht jedem gefallen hat. Dabei haben Sie sich natürlich Angriffen ausgesetzt. Mich würde interessieren, wie geht ein christlich praktizierender Mensch nicht nur mit diesen Spannungen, sondern auch mit den Angriffen um?

Loh: Sie haben sehr gut das Internet studiert, wie ich feststelle. Ja klar, die Konflikte bleiben nicht aus. Der Alltag ist voll mit Konflikten und es ist immer die Frage, inwieweit kann man das verständlich machen, was getan werden muss. Und das ist natürlich, je größer ein Unternehmen ist, immer schwieriger. Mit 12.000 Menschen zu kommunizieren und ihnen deutlich zu machen, was gerade die Situation ist, ist sehr schwer. Die einen verstehen es, die anderen können es nicht verstehen, das darf man ihnen auch nicht zum Vorwurf machen, denn die Wirtschaftswelt ist nun einmal komplex, unheimlich schnell, wie das Wetter ändern sich Marktlagen und sie müssen als Unternehmer reagieren. Für mich war immer die oberste Maxime die Frage, wie erhalte ich so viele Arbeitsplätze wie möglich. Viele Unternehmen in Deutschland sind gescheitert, weil sie nicht früh genug reagiert haben, und als sie reagieren wollten, ging es nicht mehr, und deswegen bin ich immer einer, der versucht, so früh wie möglich zu reagieren, um so viel Schaden wie möglich abzuwenden. Und dann müssen sie selbst in den Zeiten, wo es gut geht, Entscheidungen treffen, die dann die Menschen nicht verstehen, weil sie eben auch als oberste Führungskraft die Aufgabe haben, über den Tellerrand rauszugucken und die Entwicklungen einzuschätzen, bevor sie spürbar werden für die Allgemeinheit; sie so zu bewerten und dann entsprechend die Entscheidung zu treffen. Mit dem christlichen Menschenbild ist das noch einmal etwas anders. Das eine ist die eine Seite, aber der Erwartungshorizont an einen Christen ist fast nicht tragbar. Wir sollen immer alles anders machen als die Anderen. Wir können das an vielen Stellen auch, aber man muss auch sehen, dass die wirtschaftlichen Verhältnisse uns schlicht und einfach Grenzen auferlegen, an denen wir als christliche Unternehmer nicht vorbeikommen. Aber ich glaube, wir sind verpflichtet es zu kommunizieren und das war immer mein Anliegen. Wenn Sie Sonntagsarbeit im eigenen Unternehmen grundsätzlich verbieten, um das Beispiel mal zu nehmen, und Sie kommen in eine Situation, dass Sie an einem Sonntag arbeiten müssen – genau so war die Geschichte – und ich den Mitarbeiter um Verständnis gebeten habe, dass dies einmal sein müsse, es ging nun mal nicht anders, dann werden Sie natürlich auch von vornherein die finden, die dann sagen: „Aha. Er sagt immer Nein, aber er tut es doch!" Es ist nun mal so: Wir stehen in der Öffentlichkeit mit unserem Bekenntnis und dann dürfen wir

nicht damit rechnen, dass die Menschen uns für unser Bekenntnis loben, sondern sie werden uns immer an dem Bekenntnis
prüfen. Und wenn wir dann an irgendeiner Stelle dieses Bekenntnis nicht umsetzen können oder auch fälschlicherweise
mal nicht tun, dann werden wir sofort in die Kritik gestellt.
Das ist nicht schlimm, denn dann hat man die zweite Möglichkeit, die Dinge klarzustellen, eine klare Aussage zu machen und
den Menschen zu zeigen, dass man das ernst meint, was man
vorher gesagt hat.

Kirchdörfer: Würden Sie gleichwohl sagen, Herr Loh, dass auch
in diesen Fragen des Umgangs mit Mitarbeitern der christliche
Unternehmer anders agiert als der nichtchristliche? Herr Leibinger von Trumpf hat in einem Interview einmal dargelegt, dass er
in der Wirtschaftskrise keine Mitarbeiter entlassen hat. Ich bin
selbst im Aufsichtsrat eines Unternehmens in Süddeutschland.
Dieses wird von einem Fremdmanagement geführt. Das Fremdmanagement wollte in der letzten Wirtschaftskrise relativ frühzeitig Mitarbeiter freisetzen. Der Unternehmer, der selbst nicht
in der Führung des Unternehmens war, hatte dies untersagt:
„Das geschieht nicht. Ich verzichte lieber auf meinen Gewinn in
dem laufenden Jahr. Dann schieben wir die Entlassungen um ein
Jahr hinaus. Ich muss dieses Jahr nicht unbedingt Gewinn machen." Würden Sie sagen, dass das bezeichnend ist für einen
christlichen Unternehmer oder ist das ein Sonderfall?

Loh: Ich kenne Herrn Leibinger sehr gut und schätze ihn. Er
hatte hohe moralische Werte und hohe christliche Werte. Er
war ein Vorbild.
  Wenn Sie 37 % des Umsatzes innerhalb von sechs Monaten
verlieren, ist das natürlich eine besondere Herausforderung. Es
ging um 600 Millionen Euro. Dann haben Sie schlicht und einfach
keine Beschäftigung. Und wenn Sie das Unternehmen – es ging
jetzt nicht darum Gewinne mal anders zu verteilen – dann nicht

in hoher See wirklich als Steuermann in die Hand nehmen und die Entscheidung treffen, die zur Sicherstellung des Unternehmens als Existenzbasis für die Menschen nötig ist, dann wird es schwierig für alle Beteiligten. Wenn Sie dann nicht handeln, dann ist das verantwortungslos. Man muss dabei immer noch eins wissen. Wir sind in Deutschland ja noch in einer glücklichen Lage. Die Menschen fallen ja nicht in eine bodenlose Situation. Es werden dann Sozialpläne gemacht. Die haben wir sehr anerkennend gemacht. Wir haben wesentlich mehr bezahlt als üblich. Die Leute sind dann in eine Gesellschaft gegangen, in der sie vermittelt wurden auf einen Arbeitsplatz, in dem sie geschult wurden. Die Kosten haben wir auch alle übernommen. Aber wir konnten die Mitarbeiter nicht halten. 37 % weniger Umsatz und wir haben 9 % weniger Belegschaft gehabt am Ende dieses Prozesses.

Kirchdörfer: Ich bin sicher, das ist in vielen Unternehmen in dieser Zeit so oder ähnlich gewesen und es war auch richtig, entsprechend zu agieren. Trotzdem nochmal die Frage: Würden Sie sagen, ein christlicher Unternehmer agiert anders als ein „nur" humanistisch geprägter Unternehmer, der das theistisch-christliche Glaubensbekenntnis nicht hinter sich hat?

Loh: Ich habe ein bisschen Probleme an der Stelle mit „Christ" und „Nicht-Christ". Die Christen sind keine besseren Menschen und die Nicht-Christen sind keine schlechteren Menschen. Ich kenne viele nichtchristliche Unternehmer, die in verschiedensten Situationen sehr, sehr vorbildlich gehandelt haben. Was macht uns als Christen aus? Das Erste ist: Wir dürfen über diese Situationen beten und Gott bekennt sich zu Gebeten. Das ist meine Lebenserfahrung – nicht immer, nicht zu jeder Zeit, nicht an jedem Tag, aber in schwierigen Situationen habe ich das immer wieder erleben dürfen, dass Gott mir gezeigt hat oder Zeichen gegeben hat oder mir Menschen zur Seite gegeben hat, die mich beraten haben, wo ich meine Not, die ich mit die-

sen Situationen auch hatte, loswerden konnte. Und ich habe
mich selbst in den schwierigen Situationen von Gott geführt ge-
fühlt. Das ist meiner Ansicht nach das Entscheidende: Ich bin in
diesem Unternehmen nicht die letzte Instanz – vielleicht hier auf
der Erde –, aber für mich ist Gott die letzte Instanz. Er hat das
Unternehmen in seiner Hand. Ich darf es lenken. Ich darf darin
arbeiten. Ich darf einen Beitrag leisten. Ich darf ein Zeugnis sein
für die anderen Menschen. Ich habe eine Pflicht und ich habe
eine Verantwortung, aber ich weiß mich da in Gottes Hand ge-
borgen und auch in dieser schwierigen Situation 2009 war das
für mich eine Kraftquelle, die mir geholfen hat, die Situation zu
bewältigen. Im Nachhinein – das wussten wir damals nicht –
haben wir dann nicht nur die Mitarbeiter wiedereingestellt,
sondern sind auch in der Mitarbeiterzahl gewachsen. Da redet
keiner drüber – muss man auch nicht. Aber Gott hat diesen Weg
bestätigt. So sehe ich das.

Kirchdörfer: Ich möchte jetzt einen Schwenk in unserer Diskussion machen und ein anderes Thema ansprechen: Ich habe von
Ihnen einen Satz gelesen, über den ich lange nachgedacht habe.
Sie haben gesagt: „Die Menschen haben offensichtlich genug
vom Pluralismus und vom Relativismus der Moderne. Dass jeder das machen soll, was er will, geht vielen auf die Nerven.
Dass jeder so lebt, wie es ihm passt, hat uns überhaupt nicht
weitergebracht." Ich möchte Sie bitten uns zu sagen, was Sie
konkret damit gemeint haben.

Loh: Wir sind als einzelne Personen nicht in der Lage das zu bewegen, was die Menschheit braucht. Wir sind angewiesen auf
Menschen, die den Weg mit uns gehen. Das ist das, was wir –
glaube ich – wieder lernen müssen und was auch die junge Generation lernen muss: Dass wir Gemeinschaften bilden, um
stark zu sein. Das gilt auch für uns als Christen. Die Zersplitte-
rung, ob das Pluralismus, Liberalismus oder etwas anderes ist,

ist gesellschaftszerstörend und es gibt dann nicht mehr die gemeinschaftliche Kraft, die eigentlich die Geschichte unseres Vaterlandes letztlich ausmacht. Es waren immer prägende Persönlichkeiten, die es verstanden haben, Menschen zu einem gemeinsamen Ziel zu bewegen. Ich wünsche mir immer mehr, auch in den geistlichen Bereichen, dass wir zusammenfinden. Die trennenden Dinge sind eigentlich viel kleiner, als wir sie manchmal hochspielen. Sie sind eigentlich unbedeutend, denn wir reden hier ja über einen missionarischen Auftrag. Ich sage das immer ganz banal: Ich bin überall da, wo die Wahrscheinlichkeit groß ist, dass im Himmel jemand ankommt. Wenn da keiner ankommt, war es vergebens. Wenn wir die Kraft bündeln, die wir alle im Glauben gemeinsam haben, und wirklich missionarisch unterwegs sind, dann geht es nicht um die theologische Differenzierung, sondern um den gemeinsamen Glauben an Jesus Christus, den Retter dieser Welt und den Retter jedes einzelnen Menschen. Deswegen war dieser Satz in einem ähnlichen Zusammenhang von mir auch so formuliert, dass ich gesagt habe: „Wir müssen zusammenfinden, um dem Auftrag Gottes gerecht zu werden, denn dafür werden wir irgendwann auch mal zur Verantwortung gezogen."

Kirchdörfer: Ich glaube, zu unserem heutigen Generalthema „Auftrag zur Missionierung" haben Sie soeben Ihre Einstellung klar ausgedrückt. Das wäre meine nächste Frage gewesen: Ob Sie nämlich diesbezüglich selbst einen Auftrag verspüren. Aber Sie haben diese Frage schon beantwortet. Ich will mal ein Beispiel geben, wie Familienunternehmer diese Mission konkret leben: Der Unternehmer Georg Braun aus Melsungen, den jeder kennt, kam einmal in die Schlagzeilen, weil er jeden Mittag um 12 Uhr seinen ca. 30.000 Mitarbeitern per E-Mail die Gedanken zum Tage sandte. Zu Ihnen, Herr Loh, habe ich gelesen: Alle Mitarbeiter erhielten bis 2015 die Zeitschrift „Entscheidung" und auch heute sorgen Sie noch dafür, dass der christliche Glaube in Ihrem Unternehmen schriftlich verbreitet wird.

Erste Frage: Ist das für Sie eine ganz persönliche Mission, ein Missionsauftrag? Verbreiten Sie den christlichen Glauben unabhängig davon, welche Konfession Ihre Mitarbeiter haben, oder verteilen Sie Ihre Zeitschrift nur an Christen, die Sie ohnehin ansprechen können?

Loh: Ich tat da etwas, was man rechtlich „so" heute gar nicht mehr darf, um das gleichmal vorneweg zu sagen. Ja, wir haben immer eine christliche Zeitschrift – das war die Zeitung „Entscheidung" in Berlin, die leider eingestellt worden ist – gehabt. Heute können die Mitarbeiter sich aus einer Liste aussuchen, welche Zeitschrift sie z. B. vom Bundesverlag in Witten oder von woanders haben möchten. Mir geht es darum, dass die Mitarbeiter regelmäßig mit Menschen konfrontiert werden oder mit Menschenbildern, Beschreibungen, aber auch mit dem Evangelium als solches. Wir geben sie den Mitarbeitern nicht mit nach Hause, sondern schicken sie ihnen mit der Post. Bis der Mitarbeiter zu Hause ist, hat die Frau sie gelesen und darauf kam es mir immer an: dass die Familien sie gelesen haben. Denn der Mitarbeiter war nicht unbedingt immer der erste Adressat und ich muss Ihnen sagen – im Nachhinein –, bei so mancher Mitarbeiterbeerdigung, die ich besucht habe, wurde ich angesprochen: „Ja, meine Mutter hat immer die ‚Entscheidung' gelesen und sie hat immer gesagt, wir sollen sie auch lesen."

Das Zweite ist: Wir verteilen jedes Jahr den „Neunkirchener Kalender", weil ich der Meinung bin: „Jeden Tag eine gute Botschaft ist auch etwas Wichtiges."

Das Dritte ist, dass sich unsere Mitarbeiterzeitschrift einmal im Jahr mit einer ganzen Seite Glaubensfragen widmet.

Und das Vierte ist schließlich: Ich halte noch in jedem Werk in Deutschland (international kann ich das leider nicht mehr; würde ich gerne tun) zum Jahresabschied die großen Betriebs-

versammlungen, wo dann 500, 1000 Leute da sitzen, und es ist
mir jedes Mal ein großes Anliegen zum Schluss ein klares Chris-
tuszeugnis abzulegen.

Ich glaube, da haben wir auch die Pflicht zu, denn die Menschen wissen sowieso, dass wir Christen sind. Wenn sie wissen,
dass wir Christen sind und wir den Mund nicht aufmachen, ist
das eine Katastrophe! Denn letztlich erwarten sie ja, dass der
gerade zu Weihnachten oder irgendwann zu so einer Gelegenheit etwas sagt, und ich glaube, wir dürfen da viel mehr Freiheit
haben an dieser Stelle. Natürlich muss ich zugeben: Ich als Inhaber und Unternehmer habe die Freiheit und ich nehme sie
mir. Das kann nicht jeder so. Aber ich darf es nun mal tun und
deswegen sehe ich mich auch in der Pflicht.

Kirchdörfer: Gut, dass Sie dies tun, auch wenn es rechtlich
schwierig ist. Manchmal gilt eben doch: „Augen zu und
durch!" Ich glaube, es ist richtig, dass Sie auch missionarisch
in Ihre Unternehmen hineinwirken.

„Ein Land ohne Vorbilder hat keine Zukunft", haben Sie in
Anlehnung an Helmut Kohl gesagt. Darf ich Sie fragen, wer
Ihre religiösen, politischen oder wirtschaftlichen Vorbilder
sind? Gibt es solche?

Loh: Ich kann das sehr schlecht an Einzelpersonen festmachen,
denn ich bin ein Mensch, der mit vielen Menschen Umgang hat
und bei jedem versucht, das zu erfahren, was ich von ihm lernen
kann. Ich habe mich immer bemüht, ein lernender Mensch zu
sein. Es gibt sicherlich Personen, die mein Leben mehr oder weniger stark geprägt haben oder es für eine bestimmte Zeit geprägt haben. Aber ich bin niemand, der sich irgendwo an
irgendeiner Person festgemacht hat: Das ist der beste Christ.
So willst du auch werden. Das ist der beste Politiker. So willst
du auch werden. Und das ist der beste Unternehmer. So willst
du auch werden.

Die Zeiten verändern sich so schnell und die Menschen verändern sich so schnell und der jeweilige Mensch in seinem jeweiligen Umfeld verändert sich so schnell, dass es viele Menschen gibt, je nach den Themen, die ich dann im Kopf habe. Aber ich kann jetzt nicht sagen: Bei den Politikern ist das Frau Merkel oder Herr Steinmeier oder beim Unternehmer ist das der Herr Kaeser oder der Herr Leibinger. Das sind alles Persönlichkeiten, die uns als Land natürlich sehr stark geprägt haben. Aber ich würde jetzt nicht sagen: Der kommt ganz oben hin.

Kirchdörfer: Gut ausgewichen! Damit habe ich auch gerechnet. Sie sprechen von der Krise der heutigen Führungskultur, Herr Loh. Zwei Fragen: Würden Sie sagen: Die Krise ist eine Krise der Fremdmanager? Oder würden Sie sagen: Die Krise ist eine allgemeine Krise in der Wirtschaft, in der Politik und in der Gesellschaft, bzw. würden Sie sagen: Es ist eine Führungskrise, die auch die Familienunternehmen in Deutschland stark eingeholt hat?

Loh: Man muss immer sehen, wo ich das gesagt habe. Ich weiß jetzt nicht an welcher Stelle genau. Das hängt auch vom Kontext ab. Ich glaube, dass Verantwortungsbewusstsein hat sich geändert – ob das Familienunternehmen oder andere Menschen in leitenden Funktionen waren. Die Frage der Identifikation und die Frage der Einstellung spielt eine ganz große Rolle. Und auch da hat das christliche Menschenbild uns geprägt. Unsere Einstellung ist geprägt von der Übernahme von Verantwortung. Wenn weniger Menschen diese Prägung haben und je weniger Menschen das Thema „Identifikation" und das Thema „Übernahme von Verantwortung" ganzheitlich sehen – und das über eine lange Zeit, nicht nur: „Ich bin vier Jahre als Vorstand berufen und dann kann ich mir überlegen, was ich tue", sondern wirklich tief im Herzen verwurzelt –, dann ist schlicht und einfach die Wohlstandsgesellschaft kein förderliches Mittel dafür.

Zumal es dann noch für viele Menschen, insbesondere in der Führung, immer noch die Alternativen gibt: „Ich muss das ja nicht hier machen. Ich kann das ja auch woanders machen." Und das ist schlicht und einfach unser Problem, auch in Familienunternehmen, dass wir zunehmend mit Managern leben müssen. Eine direkte Antwort auf Ihre Frage stünde immer in der Gefahr, ein Pauschalurteil zu sein. Daher sage ich auch gleich, was ich immer sage: Ein Pauschalurteil stimmt zu 50 % und zu 50 % stimmt es nicht. Man muss damit sehr aufpassen. Es gibt sehr viele mit Familienunternehmen persönlich eng verbundene Manager, die hervorragend handeln und wenn der Unternehmer nicht da ist, machen die das genauso gut. Aber die Mentalität der Kapitalgesellschaften ist nun mal eine andere Welt. Sie orientiert sich auch an anderen Werten, als es ein Familienunternehmer tut. Ein Familienunternehmer ist langfristiger engagiert als etwa ein Dax-Vorstand – das darf man diesem aber überhaupt nicht vorwerfen. Das ist schlicht und einfach das Geschäftsmodell. Man macht es ihm schnell zum Vorwurf, aber die Rahmenbedingungen sind auch so. Es geht eben um einen Berufungszeitraum von vier oder fünf Jahren. Und in diesem Horizont denkt er. Und ein Politiker hat auch keine andere Chance. Es nützt ihm überhaupt nichts, wenn er längerfristig denkt. Er wird es selber nicht mehr machen können.

Herr Schröder hat mir das mal in einer Nacht auf der Hannover Messe in einer Vier-Augen-Diskussion bis um vier Uhr morgens deutlich gemacht, als ich ihn für eine wirtschaftliche Änderung begeistern wollte. Er hat lange diskutiert. Wir waren unterschiedlicher Meinung und zum Schluss sagte er: „Loh, mich ärgert es zwar, aber du hast recht." Da habe ich gesagt: „Dann machen wir das jetzt auch!" Da hat er gesagt: „Und ich mache es nicht." Da habe ich gesagt: „Du bist ein Feigling!" Dann hat er mir aber folgende Antwort gegeben: „Was ich in einer Amtsperiode nicht mehr umsetzen kann, das fange ich erst gar nicht an." Das hat ein Politiker gesagt.

In einer Kapitalgesellschaft liegt die Berufungszeit zwischen drei und fünf Jahren. Warum soll der anders denken?! Das heißt, unsere Geschäftsmodelle, unsere Strukturen sind alle auf diese Kurzfristigkeit angelegt und jeder, der in diesen Kurzfrist-Modus eintritt, muss sich sehr genau überlegen, womit er anfängt und ob er noch die Chance hat, es überhaupt umzusetzen. Deswegen geschieht an vielen Stellen viel zu wenig, weil derjenige, der es anfängt, heute schon weiß: Die Prozesse sind so komplex, dass er nicht ans Ende kommt. Und wer nicht ans Ende kommt, der kann auch die Lorbeeren nicht ernten, für die er dann ein paar Jahre lang gearbeitet hat – das darf man an dieser Stelle auch einmal sagen.

Kirchdörfer: Würden Sie denn sagen – nachdem Sie gerade Ihr Gespräch mit Herrn Schröder erwähnen –, dass der Gesetzgeber, weil er eben nur von Legislaturperiode zu Legislaturperiode denkt, Familienunternehmen nicht genügend berücksichtigt in deren Zielsetzung langfristig zu sein, quasi als Treuhandvermögen über Generationen hinweg weitergegeben zu werden? Das Thema „Erbschaftssteuer" steht bei dieser Frage natürlich irgendwo im Hintergrund.

Loh: Das ist in der Tat ein anderes Thema. Die Erbschaftssteuer – wer bezahlt die denn eigentlich? Ich bezahle meine Erbschaftssteuer nicht. Meine Kinder bezahlen die auch nicht. Die bezahlen die Mitarbeiter, die das Geld verdienen, damit ich die Erbschaftssteuer bezahlen kann. Das ist eigentlich die Schizophrenie. Und sie haben den wenigsten Nutzen davon, obwohl sie mit mir gemeinsam, solange ich leben darf, das Geld dafür verdienen müssen. Das ist eigentlich die größte Schizophrenie dieser Steuer. Deswegen bin ich, was das Erbschaftssteuerthema angeht, nicht sensibel, dass ich das nicht kriege oder meine Kinder das nicht kriegen, sondern schlicht und einfach, weil es unmöglich ist, dass 30 % des geschaffenen Vermögens, durch Mitarbeiter geschaffen, durch Inhaberschaft geschaffen, durch den Staat kassiert wird, ohne dass er dafür etwas tut. Aber die Mitarbeiter müssen das Geld verdienen und zwar 30 % von einem Vermögen eines Unternehmens – also das Vermögen meines Unternehmens –, ich weiß nicht genau, wie groß das im Moment ist, sagen wir zwei Milliarden. Wenn ich das morgen versteuern müsste, müssen meine Mitarbeiter 600 Millionen verdienen, damit der Staat sein Geld bekommt. Und deswegen glaube ich, dass die Politik hier auf dem Holzweg ist. Aber sie ist deswegen auf dem Holzweg, weil die Allgemeinheit, aus der Neiddiskussion heraus motiviert, die Erbschaftssteuer fordert. Das ist nichts anderes als Wertevernichtung. Ich bin Steuerzahler – keine Sorge. Ich bin einer, der immer sagt: „Gebt dem Staat, was des Staates ist." Aber an dieser Stelle handelt der Staat meiner Ansicht nach falsch.

Kirchdörfer: Die Stiftung Familienunternehmen hat kürzlich eine wissenschaftliche Untersuchung veröffentlicht, die folgender Frage nachgegangen ist: Warum haben wir in den USA sehr viel weniger Familienunternehmen, die innerhalb einer Familie über mehrere Generationen noch fortgeführt werden, als in Deutschland? Der wichtigste Grund war in der Tat der: Die amerikanische Unternehmensphilosophie geht nicht davon aus, dass man Unternehmen in die nächste Generation übertragen muss. Deswegen akzeptiert man dort auch sehr, sehr hohe Erbschaftssteuern. Aber wohin das führt, zeigt sich darin, dass in Amerika kaum noch große Familienunternehmen über Generationen in derselben Familie fortgeführt werden können.

Loh: Für uns als Unternehmer, damit Sie das auch wissen, gibt es eine Alternative. Das ist die Stiftung. Das ist zum Glück eine Rechtskonstruktion, die zumindest die Erbschaftssteuer um 30 Jahre verschiebt. Und wenn Sie einen großen Teil in eine gemeinnützige Stiftung geben, also für gemeinnützige Zwecke, dann bezahlen Sie keine Erbschaftssteuer. Als verantwortlicher Unternehmer und Christ ist das ein guter Weg.

Kirchdörfer: Ich möchte nochmal den Bogen etwas weiter spannen zu Themen, die mich auch selbst beschäftigen. Und zwar geht es um die vielfältigen biologischen und technischen Möglichkeiten, die wir heute haben, um die Schöpfung zu beeinflussen. Mich würde interessieren, wie die Sicht eines Unternehmers hierzu ist, auch wenn er in den Bereichen nicht spezialisiert ist. Wenn ich von Bioengineering lese, davon, dass man heute in der Lage ist und dass es bald auch sehr günstig möglich sein wird, das Genom eines jeden Menschen individuell festzustellen. Als Unternehmer kann man sich dann durch einen Gentest seiner Mitarbeiter heraussuchen, wer in welcher Richtung begabt ist. Danach kann man auch Mitarbeiter einstellen.

Wenn ich höre, dass man ein Kunstprojekt hat – ich glaube in den USA –, wo man einem Hasen fluoreszierende Gene eines Fisches einpflanzt, der dann grün leuchtend durch die Gegend hüpft, dann gibt das doch zu denken.

Wenn ich lese, dass es ein Projekt gibt – das Gilgamesch Projekt, nach dem alten Sumererkönig –, das sich damit befasst, das ewige Leben zu kreieren und das schon so weit ist, dass man Würmer durch Genmanipulation entwickelt hat, die bereits sechs- oder zehnmal so lange leben, wie ihre normale Lebenserwartung wäre, dann stelle ich mir die Frage: Sind das jetzt Themen, wo wir sagen, das sind Dinge, mit denen wir die Schöpfung fortentwickeln, oder „fummeln" wir da in die Schöpfung hinein?

Loh: Also grundsätzlich bin ich der Meinung, dass wir ein sehr offenes und sehr positives Bild zur Forschung haben müssen. Wenn Sie mal eben eine Tablette einnehmen, weil Sie Kopfschmerzen haben, dann haben wir das der Forschung zu verdanken. Wenn Sie viele Operationsmethoden sehen, die heute längeres Leben ermöglichen, aber auch Leid verhindern, dann haben wir das der Forschung zu verdanken. Wenn wir überhaupt in der Lage sind, die Menschen heute weitgehend zu ernähren, dann haben wir das ausschließlich der Forschung zu verdanken. Und so können Sie jetzt weitergehen: Warum brennt das Licht? Und und und ... Also was Sie am Tag alles in Ihrem Haushalt so erleben. Da müssen wir einfach feststellen: Gott hat uns auch den Auftrag zur Forschung gegeben („Macht euch die Erde untertan" [vgl. Gen 1,28]). Das ist aber keine Legitimation mit den Erkenntnissen, die ich daraus gewinne, zu machen, was ich machen will. Und hier ist die Verantwortung gefragt. Und hier sind wir Christen gefragt.

Der Mensch, der keine geistliche Orientierung hat, fühlt sich frei, alles zu tun, was er gerade in diesem Moment für vernünftig hält. Die Erfindung der Atombombe war ein Ergebnis einer „tollen" Forschung. Dass sie Menschen in Japan vernichtet hat, war entsetzlich. Und trotzdem ist das Forschungsergebnis heute noch für uns relevant. Atomkraftwerke, ob wir sie lieben oder nicht, finden da ihren Ursprung. Sie haben jahrelang, generationenlang uns das Licht aus der Steckdose geschenkt. Und das ist eben die große Herausforderung als Christen, als Mahner in dieser Welt: Die Menschen, die das erfinden und forschen, darauf aufmerksam zu machen und, wenn es sein muss, lautstark daran zu hindern, die grundsätzlich guten Möglichkeiten von Forschung zu missbrauchen. Deswegen brauchen wir viel mehr Menschen, die ein klares christliches, ethisches Menschenbild haben, um uns davor zu bewahren. Denn diese Prozesse werden weitergehen. Sie werden im Guten weitergehen. Demnächst werden Sie vielleicht mal operiert. Dann sehen Sie keinen Arzt mehr. Da steht dann ein Roboter über Ihrem Bett, bevor Sie die Augen schließen, und dann würden Sie aus San Francisco einen Arzt haben, der den Roboter so führt, dass Ihre Operation so gut ist, wie es kein Arzt machen kann. Ein Geschenk des Himmels – keine Frage. Aber das kann auch anders genutzt werden und wir sind aufgefordert, Position zu beziehen. Und das vermisse ich an vielen Stellen. Nehmen wir das Thema Abtreibung: Wer hat heute noch Mut auf die Straße zu gehen gegen das Thema Abtreibung?! Wir sind eine Gesellschaft, die überaltert, die sich selbst abschafft, aber wir haben nicht den Mut, der nächsten Generation ganz banal zu sagen: „Wenn ihr noch Rente haben wollt, dann braucht ihr Kinder!" Mal ganz davon abgesehen, dass es lebenserfüllend ist, Kinder zu haben. Mal ganz davon abgesehen, dass das der Schöpfungswille Gottes ist, dass wir Kinder haben. Aber wie viele Leute sind unterwegs mit dieser positiven Botschaft von uns Christen? Und wie viele sind unterwegs, die sich dagegen wehren, dass sowas passiert? Und wo sind wir unterwegs denen zu helfen, die in der kritischen Situation vor der Frage stehen: Abtreibung ja oder nein? Wie viele Häuser haben wir in Deutschland, die diese Frauen aufnehmen? Wie viele Familien haben wir in Deutschland, die diese Leute aufnehmen? Und das ist meiner Ansicht nach die große Frage an uns alle in dem einen Thema und auch in den anderen Themen. Wir sind zu bequem, um uns zu positionieren. Das sage ich jetzt mal so deutlich. Das dürfen wir uns als Christen selbstkritisch sagen. Aber wir dürfen uns auch ermutigen: Wenn wir uns bekennen, das sagt auch unser Gott, dann bekennt er sich auch zu uns. Und das Bekenntnis Gottes zu uns Menschen ist das Schönste, was wir als Menschen erleben dürfen.

Kirchdörfer: Lassen Sie uns abschließend noch zu dem Feld „Christ und Unternehmer im eigenen Unternehmen" kommen. Gibt es denn Dinge, Herr Loh, wo Sie sagen würden: „Das tut ein Christ in seinem Unternehmen nicht, was ein nichtchristlicher Unternehmer tun könnte"?

Loh: Pauschale Frage – pauschale Antwort: Das Erste ist Vorbild: Sie können viel den Menschen sagen, was gut wäre.

Wenn Sie es nicht selber leben, haben Sie keine Chance. Und die nächste Generation ist an dieser Stelle viel kritischer als die Generation, die gerade hier in diesem Raum sitzt. Echtheit ist gefragt. Bekenntnis ist gefragt und die Reaktion auf Dinge, wenn sie nicht gut laufen. Übersehen geht nicht. Mal dulden geht fast nicht. Denn wenn Sie Vorbild sein wollen, müssen Sie Zeichen setzen im Guten, aber auch an den Stellen, wo die Dinge nicht gut sind. Die große Verführung ist, wenn Sie Dinge tun und den anderen sagen: „Du darfst es nicht tun." Dann sind Sie ein Verführer, weil Sie die Menschen in den Konflikt führen. *Das* zu leben, hört sich einfach an. *Das* zu leben, ist sehr, sehr anspruchsvoll, weil Sie unheimlich oft vor der Frage stehen: Ja oder nein. Und das passiert am Tag nicht einmal, das passiert zehnmal, wo Sie in dem Konflikt stehen: Machen Sie den Preis oder machen Sie ihn nicht? Geben Sie den Rabatt, weil der das will, oder geben Sie ihn nicht? Kaufen Sie was bei einem, wo Sie normal nicht kaufen würden, nur weil er billiger ist? Tun Sie es oder tun Sie es nicht? Von daher ist es ein Spannungsfeld. Das kann man nicht mit Fall zu Fall jetzt mal so beantworten. Aber ein praktisches Beispiel ist – das kennen Sie von Einkäufern: Der hat immer jemanden, der billiger liefert. Meine Einkäufer wissen definitiv, wenn ich sie dabei erwische – ich sage das so ganz deutlich –, dass sie behaupten, sie hätten ein Angebot und sie haben es nicht, dann steht bei uns einiges kopf. Sie müssen in ganz bestimmten Dingen, die transparent sind oder einigermaßen transparent sind, Pfähle einschlagen und sagen: „Da ist meine Grenze." Und die Menschen werden Ihnen folgen. Ich will nicht sagen, dass das bei uns nicht passiert. Dafür ist das Unternehmen viel zu groß. Aber ich würde jedoch sagen: Es ist eine Seltenheit, dass es bei uns passiert.

Kirchdörfer: Ich möchte es etwas konkreter machen, lieber Herr Loh: Man spricht heute viel von *Management by objectivs*, also von zielorientierter Führung. Sie als Unternehmer machen Zielvereinbarungen, müssen Zielvereinbarungen machen mit Ihrem Management, mit Ihren Mitarbeitern. Würden Sie sagen, eine Zielvereinbarung, die Sie mit Ihren Mitarbeitern treffen, unterscheidet sich von Zielvereinbarungen, die Daimler-Benz mit seinen Führungskräften trifft?

Loh: Tut mir leid, ich kenne die Führungskräfte von Daimler-Benz nicht. Nein, sie müssen ja Ziele vereinbaren. Also der erste Unternehmensgrundsatz bei uns heißt: „Die zielorientierte Zusammenarbeit aller Mitarbeiter ist das Kapital des Unternehmens." Es sind die Menschen, die Geschäfte machen – niemand anders. Und das Ergebnis der Geschäfte ist das Können der Menschen, die Weisheit der Menschen, der Fleiß der Menschen, die Identifikation der Menschen, die Einstellung der Menschen. Und da müssen Sie Ziele vorgeben, denn mit den Zielen sagen Sie aus, was Sie erreichen wollen. Können Sie sich einen Trainer vorstellen, der ein Fußballspiel anfängt und seiner Mannschaft nicht irgendwo sagt: „Also es muss mindestens 2:1 werden." Oder „Wir wollen gewinnen!" ist ja auch schon eine Aussage. Die Mitarbeiter brauchen eine Zieldefinition, weil Menschen Orientierung brauchen. Und wenn Sie als Führungskraft keine Orientierung abgeben über die Ziele, die Sie haben, dann dürfen Sie sich nicht wundern, wenn die Menschen sich damit auch überhaupt nicht identifizieren können. Sie brauchen ein Ziel, einen Halt. Das kennen Sie von Ihrem eigenen Leben: Wenn Sie sich klare Ziele gesetzt haben und von dem Ziel überzeugt sind, haben Sie eine andere Kraft es umzusetzen, als wenn Sie sagen: „Naja, also es kommt zufällig oder es kommt nicht." Also von daher weiß ich nicht, wie Daimler-Benz das macht, aber ohne Ziele geht es nicht. Und wenn Sie Verantwortung übernehmen wollen, dann müssen Sie Ziele setzen. Sie müssen ganz bestimmte Ziele erreichen, damit nachher – auf Deutsch gesagt – ganz einfach auch die Kasse stimmt.

Kirchdörfer: Letzte Frage von mir: Sie sind ein global agierender Unternehmer und haben naturgemäß auch viel mit gläubigen Menschen im Ausland zu tun, Verhandlungspartnern, Unternehmern. Verhandelt es sich anders mit Menschen, die einen religiösen Hintergrund – egal welcher Couleur – haben, als mit Menschen, die ohne religiöse Führung durchs Leben gehen?

Loh: Also man kann jetzt alles christlich machen. Essen Sie Nudeln christlich oder unchristlich? Entschuldigung – nicht nett von mir, die Antwort auf die letzte Frage! Ich sehe es ein. Nein, das ist ein Verhandlungspartner und mich interessiert in dem Moment erstmal überhaupt nicht, ob der Christ ist oder nicht. Ich bin für mein Unternehmen da und habe den Auftrag mit einem Menschen „Otto Müller" zu verhandeln, dass ich entweder was Gutes wirtschaftlich sinnvoll verkaufen kann oder was Gutes wirtschaftlich sinnvoll kaufen kann. Das ist erstmal die Aufgabe. Wenn sich dabei mehr ergibt – und das tut es: Sie brauchen nur mit einem essen zu gehen und Sie sprechen ein Tischgebet – ich würde sagen, die Chance ist höher als 10 oder 15 %, dass Sie automatisch ein frommes Gespräch an der Backe haben. Er fragt Sie – wie es vor kurzem einer tat: „Sagen Sie mal Herr Loh, wofür beten Sie eigentlich? Sie haben doch alles." Von daher ist das die beste Möglichkeit. Ich gehe gerne mit Leuten essen, weil ich mein Tischgebet spreche. Früher hatten die Leute noch den Anstand und waren still. Das klappt heute nicht mehr so. Man muss da den Kopf schon ein bisschen länger unten halten, um aufzufallen, sonst meinen die, man guckt sich nur das Essen genau an. Oder demonstrativ die Hände falten. Aber ich will Ihnen sagen: Das ist ein idealer Türöffner für geistliche Gespräche. Das habe ich mit hohen Politikern so gemacht, mit vielen Geschäftsleuten auch. Im Ausland muss man natürlich wissen, je nachdem welches Land – in den USA ist es ja Tradition bei größeren Empfängen, dass noch gebetet wird, was sich leider auch immer mehr verliert –, aber in China oder in fernöstlichen Ländern ist das komplett ungewohnt. Da können die gar nichts damit anfangen. Aber es ist aus meiner Sicht, aus meiner Lebenserfahrung – ich nutze das sehr gerne, das Tischgebet – eine sehr gute Möglichkeit, ins Gespräch zu kommen. Deswegen mache ich Ihnen Mut. Beten Sie viel – das haben wir ja heute schon mal gehört. Das ist grundsätzlich richtig. Und beten Sie viel, dass die anderen Menschen es sehen und Fragen stellen, warum Sie das tun.

Heinrich Deichmann

Das Unternehmen muss dem Menschen dienen. Wirtschaftsethische Überlegungen aus christlicher Perspektive[1]

Selten sind Diskussionen über Werte und Ethik in der Wirtschaft so wichtig wie heute. Die gegenwärtige Finanzkrise hat deutlich gemacht, wie gefährlich der Mangel an Werten und ethischer Verantwortung für unser gesamtes Wirtschafts- und Gesellschaftssystem werden kann. Natürlich haben viele Gründe zum Ausbruch dieser Krise geführt. Darunter war sicher auch ein Mangel an staatlicher Regulierung der Finanzmärkte.

Hier ist insbesondere das Auseinanderklaffen von Risiko und Haftung zu beklagen. Zu den Ursprüngen der Krise in den USA gehört, dass sich die Initiatoren hochriskanter Geschäfte durch Bündelung, Verbriefung und Weiterverkauf solcher Risiken der Haftung vollständig entziehen konnten. Hier ist sicherlich der Gesetzgeber gefordert. Daneben sei auch die Problematik der bisherigen Ratingpraxis erwähnt, bei der die entsprechenden Agenturen im Auftrag und auf Rechnung des Verkäufers tätig werden und somit natürlich keine Unabhängigkeit, geschweige denn Mithaftung, gewährleistet ist.

Das alles aber hätte nicht zu den bekannten desaströsen Auswirkungen geführt, wenn nicht eine grenzenlose Gier nach immer höherer Verzinsung nach der Maxime „möglichst schnell – möglichst viel" bei Vielen eine vernünftige Risikoabwägung

---

[1] Erstveröffentlichung des Artikels in: Hennerkes, Brun-Hagen; Augustin, George (Hg.), Wertewandel mitgestalten. Gut handeln in Gesellschaft und Wirtschaft, Verlag Herder, Freiburg i. Br. [4]2014, 357–366.

verdrängt hätte. In etlichen Fällen hat man, wohl angelockt durch das Versprechen besonders hoher, bisher nicht erzielbarer Renditen, in Kauf genommen, dass man bestimmte komplizierte Finanzmarktprodukte gar nicht versteht und somit ein unkalkulierbares Risiko akzeptiert. Bekanntlich hat sich aus der daraus resultierenden Bankenkrise die gegenwärtige Staatsschuldenkrise entwickelt, die uns mittlerweile sogar um den Euro bangen lässt. Das Nachdenken über Werte und ethische Verantwortung in der Wirtschaft ist meines Erachtens also hochaktuell.

Als Christ kann für mich Ethik nur auf den biblischen Überlieferungen basieren und deshalb schließe ich mich der Ethik-Definition von Karl Barth an: Ethik, auch „Business Ethik", als Antwort auf die Frage nach der Güte menschlichen Handelns im Lichte des in der Heiligen Schrift geoffenbarten Wortes Gottes, fragt nach der Inanspruchnahme des Menschen durch Gottes Gebot. Sie will verstanden werden „als Offenbarung des Gebotes Gottes, als gegenwärtiges, für den, der Gottes Wort hört, nicht zu überhörendes Ereignis mitten in der Wirklichkeit unseres Lebens" (Ethik I, 28).

Außerdem gilt für mich die in der Barmer Theologischen Erklärung der Bekennenden Kirche vom Mai 1934 niedergelegte Überzeugung, dass der christliche Glaube alle Lebensbereiche in Anspruch nimmt: „Wie Jesus Christus Gottes Zuspruch der Vergebung aller unserer Sünden ist, so und mit gleichem Ernst ist er auch Gottes kräftiger Anspruch auf unser ganzes Leben; durch ihn widerfährt uns frohe Befreiung aus den gottlosen Bindungen dieser Welt zu freiem, dankbarem Dienst an seinen Geschöpfen. Wir verwerfen die falsche Lehre, als gebe es Bereiche unseres Lebens, in denen wir nicht Jesus Christus, sondern anderen Herren zu eigen wären, Bereiche, in denen wir nicht der Rechtfertigung und Heiligung durch ihn bedürften" (These 2).

Dabei gilt es aber zu beachten, dass die Bibel keine verbindlichen Konzepte für die Ausgestaltung einer Wirtschafts- oder

Unternehmensordnung unter den Bedingungen der Gegenwart vorsieht, sondern nur bestimmte ethische Maximen vorgibt, an denen die Qualität einer solchen Ordnung beurteilt werden kann (vgl. Hans Nutzinger, FAZ, 24. Dezember 2005).

Beginnen möchte ich die wirtschaftsethischen Überlegungen mit dem christlichen Menschenbild. Nach der biblischen Überlieferung ist der Mensch ein Geschöpf Gottes. Er ist geschaffen nach dem Bilde Gottes (Gen 1). Gott schafft den Menschen in göttlicher Freiheit und in göttlicher Liebe. Das gibt dem Menschen seine einzigartige Würde. Gott schafft den Menschen hin auf Gemeinschaft zum Mitmenschen, wie sie uns im Gebot der Nächstenliebe begegnet. „Du sollst deinen Nächsten lieben, wie dich selbst." (Lev 19,18) Damit sind vor Gott alle Menschen gleich und ist für den Christen jeder Mensch auch Mitmensch. Daher kann in der Wirtschaft der Mensch nie nur reines Mittel zum Zweck – beispielsweise zur Gewinnmaximierung – sein, sondern muss immer zugleich Zweck an sich sein. (Vgl. „Unternehmerisches Handeln in evangelischer Perspektive – Eine Denkschrift des Rates der Evangelischen Kirche in Deutschland, S. 49.)

Ein ähnliches Verständnis hat auch die katholische Kirche. „Auch im Wirtschaftsleben sind die Würde der menschlichen Person und ihre ungeschmälerte Berufung wie auch das Wohl der gesamten Gesellschaft zu achten und zu fördern, ist doch der Mensch Urheber, Mittelpunkt und Ziel der Wirtschaft" (II. Vatikanisches Konzil, „Gaudium et spes", Art. 63).

Die ethische Dimension der Arbeit ist aus christlicher Sicht begründet im Schöpfungsauftrag Gottes an den Menschen. Ebenbild Gottes zu sein bedeutet, als Gottes Statthalter auf Erden über sie zu herrschen (vgl. Gen 1,26.28), das heißt, der Mensch soll die Erde bebauen und bewahren (vgl. Gen 2,15). „Über das bloße Nutzen dessen hinaus, was von allein schon wächst, soll der Mensch den Erdboden ,bebauen' oder wörtlich ,bearbeiten', also das von der Schöpfung Vorgegebene seinerseits schöpferisch weiter entwickeln. Der Mensch tritt sozusagen in das weltschöpferische Werk Gottes ein und setzt es im Auftrag Gottes fort. Er ist dazu berufen, Gottes Mitarbeiter zu sein. Das ist die ursprüngliche einzigartige Würde menschlicher Arbeit. In der Arbeit erfüllt der Mensch also seine ihm von Gott gegebene Bestimmung" (Helmut Burkhardt in „Theologische Beiträge 11–4", August 2011).

Die Konkretisierung der menschlichen Arbeit erfolgt im Beruf. Aus christlicher Sicht bedeutet der Beruf: sich von Gott berufen zu lassen, die von Gott geschenkten Gaben und Fähigkeiten in Verantwortung für sich und andere zu nutzen. Wenn der Beruf gebunden an Gottes Gebote im Dienst für Andere erfolgt, dann kann er nach Martin Luther als Gottesdienst im Alltag der Welt begriffen werden. In diesem Sinne werden die Dinge im Beruf um Gottes und des Nächsten willen getan und erst sekundär aufgrund der mit diesem Tun verbundenen Befriedigung durch Erfolgserlebnisse oder Gewinne (vgl. „Unternehmerisches Handeln in evangelischer Perspektive – Eine Denkschrift des Rates der Evangelischen Kirche in Deutschland", S. 49).

Eine große Bedeutung in den biblischen Zeugnissen hat die ethische Dimension des Eigentums: Persönliches Eigentum und in seiner gesteigerten Form Reichtum an sich wird in der Bibel nicht verdammt. Reichtum ist im Alten Testament häufig Ausdruck göttlichen Segens. Darüber hinaus steht das persönliche Eigentum unter dem ausdrücklichen Schutz der Gebote („Du sollst nicht stehlen", Ex 20,15).

Die Bibel mahnt aber zu einem verantwortungsvollen Umgang mit Eigentum und Reichtum vor Gott und den Menschen. Gewarnt wird an vielen Stellen davor, Reichtum zu verabsolutieren. Jesus warnt immer davor, dass der Besitz dem Menschen zum Götzen „Mammon" wird, an den er sein Herz hängt und dem er an Gottes Stelle dient (vgl. Mt 6,24). Die Habsucht (pleonexia – wörtlich: „das immer mehr Habenwollen") ist nach Paulus Götzendienst (vgl. Kol 7,9; Eph 5,3, vgl. Burkhardt).

Im Gleichnis vom reichen Kornbauern (vgl. Lk 12,16–21) wird deutlich, wie sinnlos ein Leben ist, das ausschließlich auf materiellen Gewinn ausgerichtet ist. Dieser Mensch genügt sich darin, seine vielen Güter zu sammeln und sie für sich allein zu nutzen. Ihm wird gesagt: „Du Narr! Diese Nacht wird man dein Leben von dir fordern; wem wird dann gehören, was du angehäuft hast? So geht es dem, der sich Schätze sammelt und ist nicht reich bei Gott".

Stattdessen heißt es bei Mt 6,19–21: „Sammelt euch nicht Schätze auf Erden, wo Motten und Rost sie zunichte machen und wo Diebe einbrechen und stehlen. Sammelt euch vielmehr Schätze im Himmel, wo weder Motten noch Rost sie zunichte machen und wo Diebe nicht einbrechen. Denn wo dein Schatz ist, da wird auch dein Herz sein."

Die Ansammlung von Reichtum zum ausschließlich eigenen Nutzen wird als Lebensziel verurteilt. Dennoch kann Reichtum im Reich Gottes eine positive Funktion bekommen. Als Gottes Haushalter sollen wir mit den Gaben, die uns von Gott anvertraut sind (Geld, Fähigkeiten, Zeit usw.), den Mitmenschen dienen und somit am Aufbau des Reiches Gottes mitwirken.

Im Gleichnis vom reichen Mann und dem armen Lazarus (Lk 16,19–31) wird der Reiche nicht deshalb bestraft, weil er reich ist, sondern weil er seinen Reichtum für sich behalten will und nicht bereit ist, damit einem armen Menschen vor seiner Tür zu helfen.

In diesem Sinn heißt es in Lk 16,9: „Machet euch Freunde mit dem ungerechten Mammon". Das heißt: Nutzt Geld und Reichtum im Dienst für Andere, die der Hilfe bedürfen.

Der Mensch ist Gott gegenüber in Bezug auf die ihm anvertrauten Gaben rechenschaftspflichtig, weil Gott der wahre Eigentümer dieser Gaben ist.

Wie bereits oben erwähnt, enthält die Bibel kein Modell für eine ethisch perfekte Wirtschafts- oder Unternehmensordnung. Zentraler Inhalt der Botschaft Jesu ist die den Menschen befreiende und zu einem neuen Leben verändernde Liebe Gottes und der Anbruch des Gottesreiches. Dieses Reich hat aber auf Erden nur begonnen und ist in Vollendung erst in der Ewigkeit zu erwarten. Daher akzeptiert Jesus auch vorhandene Ordnungen, und es gilt noch: „Gebt dem Kaiser, was des Kaisers ist", aber gleichzeitig und vor allem „Gott, was Gottes ist" (Mt 22,21). Jesu Wort gegenüber Pilatus, „Mein Reich ist nicht von dieser Welt" (Joh 18,36), ist auch dahin zu verstehen, dass es eine Reich-Gottes-Wirtschaftsordnung für diese Welt, mit der sich alle Probleme lösen lassen, nicht gibt (so wenig, wie es eine perfekte Gemeindeordnung gibt).

Das Wissen darum, dass wir hier auf Erden mit der menschlichen Fehlbarkeit und Sündhaftigkeit zu rechnen haben und es darum kein ethisch perfektes, christliches Wirtschafts- oder Unternehmensmodell geben kann, bedeutet nun aber nicht den Dispens verantwortlichen Handelns, sondern den aktiven Einsatz für relativ bessere oder beste Lösungen.

Wir haben in unserem Unternehmen versucht, ein Leitbild zu entwickeln, bei welchem die grundlegenden Ziele und Werte auf den Maßstäben der christlichen Botschaft beruhen. Wir bemühen uns, dieses Leitbild im betrieblichen Alltag zu leben, wissen aber, dass die Realität immer wieder hinter dem angestrebten Idealzustand zurückbleiben wird. Unser Leitbild hat als übergeordnetes Unternehmensziel: „Das Unternehmen muss dem Menschen dienen". Unter dieser Überschrift beschreiben wir die grundlegenden Werte und Ziele unseres Unternehmens. Es setzt für die Geschäftsführung und die Mitarbeiter einen verbindlichen Rahmen für das tägliche Handeln am Arbeitsplatz und in der Zusammenarbeit. Es dient als Grundlage für die Formulierung von Leitlinien zu speziellen Themen oder landesbezogenen Anpassungen. Dieses Leitbild hat seinen Ursprung nicht in einem Workshop oder den Dienstleistungen eines Unternehmensberaters, sondern basiert auf einer gelebten Firmentradition, die sich seit 1913 innerhalb von drei Unternehmergenerationen entwickelt und bewährt hat. Die schriftliche Fixierung dieser Maßstäbe war eine Reaktion auf das kontinuierliche Wachstum des Unternehmens. Diese Werte konnten nicht mehr nur mündlich überliefert werden, sondern sollten allen Mitarbeitern jederzeit zur Verfügung stehen.

Gleichsam als Präambel zum Leitbild versteht sich die Positionsbestimmung: „Die Familie Deichmann fühlt sich dem christlichen Menschenbild verpflichtet und ist bestrebt, diesen Werten im betrieblichen Alltag zur Geltung zu verhelfen – wohl wissend, dass die Realität immer wieder hinter dem angestrebten Idealzustand zurückbleiben wird."

Weiter heißt es: „Auf der Grundlage dieser Werte haben wir unser übergeordnetes Unternehmensziel formuliert: Das Unternehmen muss den Menschen dienen. Damit sind unsere Kunden, Mitarbeiter, Lieferanten sowie Menschen in Not gemeint. In diesem Sinne wollen wir in den Märkten, in denen wir vertreten sind, stets der beste Schuheinzelhändler für unsere Kunden sein. Dies bedeutet, dass Deichmann gute Produkte auf der Basis der Kostenführerschaft zu bestmöglichen Preisen anbietet. Dabei ist die Gewinnerzielung für uns kein Selbstzweck. Gewinne sind notwendig, um das Unternehmen gesund zu erhalten, Arbeitsplätze zu sichern und neue zu schaffen, die Expansion aus eigener Kraft zu ermöglichen sowie soziale Aufgaben wahrzunehmen."

In der Folge erläutern wir, was das für die einzelnen hier angesprochenen Personengruppen heißt. An erster Stelle stehen für uns als Einzelhändler zweifellos die Kunden: „Wir wollen für breite Schichten der Bevölkerung modisch aktuelle und qualitativ gute Schuhe zu einem äußerst günstigen Preis anbieten. Darin sehen wir nicht nur eine unternehmerische, sondern auch eine soziale Verpflichtung.

Die Mitarbeiter von Deichmann denken und handeln in allen Unternehmensbereichen auf allen Ebenen absolut kundenorientiert. Bei allen Aktivitäten haben wir das Wohl des Kunden im Auge und arbeiten hart dafür, uns sein Vertrauen zu verdienen. Die Organisationsstrukturen, die Arbeitsabläufe und die praktische Zusammenarbeit im Unternehmen müssen so gestaltet sein, dass sie der Erreichung dieses Zieles dienen." „Um für unsere Kunden der beste Schuheinzelhändler zu sein, leisten die Mitarbeiter Überdurchschnittliches und handeln im Rahmen der jeweiligen Position unternehmerisch, selbstständig und ergebnisorientiert."

Das Unternehmen hat aber auch den Mitarbeitern zu dienen. Erreicht werden kann das nur mit entsprechendem Verhalten der Führungskräfte. „Unsere Führungskräfte sollen die notwendigen Spielräume für die Eigeninitiative der Mitarbeiter schaffen, die Selbstverantwortung und den Stolz auf das Erreichte fördern und jeden einzelnen Mitarbeiter als Mensch mit all seinen Fähigkeiten, Bedürfnissen und Nöten ernst nehmen. Dies sollte im Geiste des Miteinanders und Füreinanders und nicht des Gegeneinanders geschehen. Damit entsteht das Gefühl unserer Zusammengehörigkeit. Durch eine langfristige Zusammenarbeit bewahren wir die Erfahrung der Mitarbeiter und sichern die Beständigkeit in unserem Unternehmen. Wir fördern Menschen, die bereit sind, unser Unternehmen zielorientiert mit zu gestalten und beteiligen unsere Mitarbeiter am Erfolg des Unternehmens. Darüber hinaus unterstützen wir unsere Mitarbeiter durch zahlreiche freiwillige soziale Leistungen, insbesondere auch in persönlichen Notfällen."

Ganz konkret heißt das bei uns, dass wir seit vielen Jahren übertarifliche Leistungen zahlen und die Mitarbeiter am Erfolg des Unternehmens beteiligen. Wir verzichten auf geringfügige Beschäftigungsverhältnisse, weil wir möchten, dass vor allem unsere zahlreichen weiblichen Mitarbeiter etwas für die reguläre Altersversorgung tun. Darüber hinaus unterstützen wir die Mitarbeiter seit vielen Jahren beim Aufbau einer zusätzlichen Altersversorgung, die über den gesetzlichen Rahmen hinausgeht. Zu diesem Themenbereich gehört auch, dass wir unsere

Praktikanten angemessen entlohnen. Daher haben wir uns der Aktion „Fair Company" angeschlossen.

Über diese rein tarifrechtlichen Themen hinaus bieten wir unseren Mitarbeitern seit vielen Jahren eine sogenannte Gesundheitswoche in einer Schweizer Rehabilitationsklinik an. Dort können sie auf unsere Kosten lernen, wie man zu einem gesünderen und ausgeglicheneren Lebensstil findet. Für Mitarbeiter, die in eine akute finanzielle Notlage geraten, unterhalten wir eine Unterstützungskasse, die vor allem bei persönlichen Schicksalsschlägen wie Krankheit oder Tod in der Familie sowie bei Naturkatastrophen unbürokratisch hilft. Regelmäßige Zuwendungen gibt es auch bei Geburten und Eheschließungen. Das Geld hierfür kommt vom Unternehmen. Verwaltet wird dieser Fonds von der Inhaberfamilie zusammen mit dem Betriebsrat.

Wir bringen die Verbundenheit mit unseren Mitarbeitern auch durch zahlreiche festliche Zusammentreffen zum Ausdruck, beispielsweise findet jedes Jahr die Feier unserer Jubilare statt, bei der regelmäßig mehrere hundert Mitarbeiter mit dem Unternehmer zusammenkommen. Nicht selten sind Mitarbeiter 45 Jahre und länger im Unternehmen. Darüber hinaus stellen wir seit vielen Jahren in großem Umfang Ausbildungsplätze zur Verfügung. Das alles wirkt sich positiv auf unser Geschäft aus. Wir können uns auf loyale, engagierte und qualifizierte Mitarbeiter verlassen, die mit einer überdurchschnittlichen Leistungsbereitschaft das Fundament für unseren Erfolg legen.

Wir sehen auch unsere Verantwortung für die Mitarbeiter unserer Geschäftspartner. Als global handelndes Unternehmen wissen wir dabei auch um die möglichen Fehlentwicklungen auf unseren Beschaffungsmärkten. Darum widmet sich ein Abschnitt speziell diesem Thema: „Deichmann kauft Waren und Dienstleistungen so günstig wie möglich. Wir legen Wert auf einen fairen und partnerschaftlichen Umgang mit unseren Geschäftspartnern. Dabei achten wir darauf, dass die Menschen in den Ländern der Produktionsstandorte unter menschlichen

Bedingungen arbeiten können. Hier fühlt sich Deichmann seinem Code of Conduct verpflichtet."

Unser vor vielen Jahren erstellter Code of Conduct richtet sich nach Anforderungen der International Labour Organization. Er beinhaltet soziale und ökologische Mindeststandards, deren Einhaltung wir von unseren Lieferanten verlangen. Dies wird regelmäßig von unabhängigen Prüfungsinstituten überwacht.

Als dritter Personengruppe fühlen wir uns als Unternehmerfamilie Menschen in Not, im In- und Ausland, verpflichtet, die auf fremde Hilfe angewiesen sind. Daher legt das Leitbild hierzu fest: „Deichmann verwendet Teile seines unternehmerischen Gewinnes, um den Mitarbeitern zusätzliche Sozialleistungen bieten zu können. In gleicher Weise fühlt sich die Familie Deichmann aus christlicher Verantwortung verpflichtet, Menschen in Not im In- und Ausland zu helfen. In dem Maße, in dem es dem Unternehmen gut geht, ist auch Hilfe für Andere möglich".

Die Hilfe für die Ärmsten der Armen hat bei Deichmann eine Tradition, die bis in die Gründerjahre zurückreicht. Heute unterstützt das Unternehmen über das Hilfswerk „wortundtat" und lokale Partnerorganisationen über 120.000 Menschen in Indien, Tansania, Moldawien, Griechenland und Deutschland. Der Schwerpunkt liegt in diesen Projekten auf der medizinischen Hilfe, vor allem aber auch auf dem Bildungssektor. Allein in Indien leben und lernen rund 12.000 Kinder aus den Slums in Schulen, die von „wortundtat" finanziert werden. Dahinter steckt die Überzeugung, dass Bildung der Schlüssel zur Zukunft ist. Bei den meisten Projekten geht es um Hilfe zur Selbsthilfe. Sie wird vor Ort ausschließlich von einheimischen Mitarbeitern geleistet.

Die Mitarbeiter der Firma werden über die Aktivitäten unseres Hilfswerkes „wortundtat" regelmäßig informiert. Viele identifizieren sich mit der dort stattfindenden Hilfe für die Ärmsten der Armen und helfen durch Spenden mit.

Es ist eine bleibende Herausforderung, die Ziele unseres Leitbildes im betrieblichen Alltag immer wieder in die Tat umzusetzen. Es hat sich aber auch gezeigt, dass die Orientierung an den Ansprüchen der christlichen Ethik für unser Unternehmen sehr segensreich gewesen ist. Viele Mitarbeiter identifizieren sich mit unserer Unternehmenskultur und dem dazugehörigen sozial-karitativen Engagement. Sie fühlen sich dem Unternehmen in besonderer Weise verbunden und helfen mit, unser Leitbild immer wieder mit Leben zu füllen.

Johannes Schwörer

Wirtschaft und Tradition –
Einblick in ein Familienunternehmen

Wer die Frage zum Verhältnis von Wirtschaft und Tradition in einem Familienunternehmen stellt, kann mit der Vermittlung der Wirtschaftsdaten oder der Geschichte eines Unternehmens beginnen. Alternativ stellt jedoch ein persönliches Zeugnis zur Tradition in Familienunternehmen einen Zugang dar, der so manche Perspektive zu Tage fördert, die sonst verschlossen bliebe.

So seien auch die nachfolgenden Ausführungen als persönlicher Erfahrungsbericht verstanden. Einige einleitende Bemerkungen möchte ich an den Anfang dieses Beitrags stellen.

1. Einleitung

Zu schnell habe ich „Ja" gesagt, als ich um einen kleinen Textbeitrag zu diesem Buch gebeten wurde. Bin ich doch kein Schriftsteller, sondern der Vertreter eines Bauunternehmens von der Schwäbischen Alb, der es sich aufgrund seiner Vorfahren, die fleißige, sparsame und intelligente Unternehmer waren, erlauben darf, seine Meinung frei kundzutun und danach zu leben. Diese freie Meinungsäußerung hat mich zu einem Beitrag bewogen, dessen Verschriftlichung – ehrlich gesprochen – immer schwieriger wurde, je näher das Druckdatum für das Buch herangerückt ist: Nicht wegen meiner Glaubensüberzeugungen, denn dazu stehe ich uneingeschränkt, natürlich auch in der Öffentlichkeit, sondern wegen der Erkenntnis, dass meine Überzeugungen für mich zwar wichtig, für den kritischen Leser aber zu trivial, vielleicht sogar zu „kindlich" wirken. Also, wer hohe Ansprüche hat, mag hier nun stoppen und andere Beiträge lesen.

2. Das Zeugnis christlicher Unternehmer

Es gibt zahlreiche Unternehmerverbände, die sich mit den Überzeugungen christlicher Unternehmer und den dazugehörigen Leitmotiven sehr konkret auseinandersetzen.

An dieser Stelle sei beispielhaft auf den Verband CiW (Christen in der Wirtschaft) aus Würzburg verwiesen.[1] Dahinter verbirgt sich eine 1902 gegründete Vereinigung – eine der ältesten christlichen Wirtschaftsverbände in Deutschland. Die Vereinigung ist überzeugt, dass gelebter Glaube einen echten „Mehrwert", d. h. eine wichtige Bedeutung für das persönliche Leben, aber auch für das wirtschaftliche Handeln als Unternehmer hat. Dazu hat der Verband Leitlinien für den Dienst mit verantwortlichen Menschen in Wirtschaft, Beruf und Gesellschaft formuliert:[2]

„1. Christen in der Wirtschaft ist eine missionarische Bewegung
   – Wir wollen miteinander Jesus Christus in die Berufs- und Alltagswelt hineintragen und täglich von seiner Kraft leben und ihm dienen.
2. Jesus Christus ist die Mitte unserer CiW-Bewegung
   – Von dieser Mitte aus sollen alle Veranstaltungen und Projekte geplant und gestaltet werden. Seine Liebe soll uns dabei besonders leiten.
3. Mit Jesus unterwegs sein
   – Menschen, die Jesus Christus nachfolgen wollen und seinen Auftrag in unserer Zeit ernst nehmen, sind herzlich

---

[1] https://www.ciw.de/ [zuletzt abgerufen 19.02.2020].
[2] https://www.ciw.de/ueber-uns/ [zuletzt abgerufen 19.02.2020].

eingeladen, sich in der CiW-Bewegung einzubringen und Verantwortung zu übernehmen.

4. CiW hat keine kommerziellen Zielsetzungen
   – Wir haben einen geistlichen Auftrag in der Berufswelt und im Wirtschaftsleben. CiW ist ein Verband mit Freunden und Mitgliedern, finanziert aus Mitgliedsbeiträgen und Spenden.

5. CiW setzt in vier Bereichen ‚besondere Zeichen‘ in unserer Gesellschaft:
   – CiW will Jesus Christus bezeugen – durch regionale und bundesweite Veranstaltungen für Businessleute und durch das christliche Wirtschaftsmagazin Faktor C.
   – CiW will Menschen ermutigen – durch persönliche Gespräche und Mentoring. Dabei ist uns das intensive Gebetsnetzwerk unserer CiW-Bewegung wichtig. Wir wollen, dass junge Führungspersönlichkeiten (Young Professionals) bei uns im Fokus stehen.
   – CiW will biblische Werte leben – durch Bibellesen und Verkündigung wollen wir helfen, biblische Werte zu erkennen. Wir wollen einander ermutigen, diese biblischen Werte im privaten, beruflichen und gesellschaftlichen Alltag glaubwürdig zu leben.
   – CiW will Gemeinschaft fördern – Die Begegnungen in Kleingruppen, bei Fachtagungen und CiW-Veranstaltungen oder bei gemeinsamen Reisen geben starke Impulse, bereichern unser christliches Berufsleben und helfen Krisen zu überwinden. Wir wollen so einander ermutigen, Verantwortung zu übernehmen und in unserer Gesellschaft zu dienen.

6. CiW bietet fachliche Begleitung in beruflichen und wirtschaftlichen Themenbereichen.
   – Besonders interessieren uns dabei das Spannungsfeld von Glaube und Business.

7. Bei CiW ringen wir um eine neue Einheit, die nur Jesus Christus bewirken kann.
   – Dazu hilft auch die örtliche CiW-Zentrale in Würzburg mit dem Dienst des Generalsekretärs und dem haupt-beruflichen Mitarbeiterteam.
   – Mit diesen Leitlinien laden wir herzlich dazu ein, Teil der ‚Geschichte Gottes‘ in der Wirtschaft zu werden und bei CiW mitzuarbeiten, mit zu beten und mit zu geben. "

Geht man über die vorausgehenden benannten Leitlinien hinaus, die gleichermaßen eine Selbstverpflichtung wie auch einen Sendungsauftrag darstellen, so bietet die Darstellung des Verbands einige weitere wichtige Hinweise dazu, wie christlicher Glaube und Wirtschaft in der Praxis zusammenfinden können. So weist die Homepage – wie selbstverständlich – auf aktuelle Veranstaltungen hin, die die Themen Management, Spiritualität und Nachhaltigkeit in Form von Vorträgen, Workshops, und Gebetsgruppen verbinden.

Zahlreiche Unternehmen haben sich hier zusammengeschlossen mit dem Ziel, die eigene Berufung und die profunde sachliche Aus-, Fort- und Weiterbildung mit einer Netzwerkarbeit zu verbinden, die das „Christliche" nicht als Option oder vielleicht als Beiwerk, sondern als Grundstein verstehen. Wenn man sich die Unternehmensliste ansieht, so finden sich namhafte und gut organisierte Firmen, die sich nicht scheuen, den Anspruch der christlichen Botschaft, Verantwortung für sich und den Nächsten vor Gott zu übernehmen, in die Öffentlichkeit zu tragen.

Ergänzend dazu möchte ich den Blick auf einige Inhalte des 11. Kongresses christlicher Führungskräfte (KcF) aus dem Jahr 2019 lenken, die einen Eindruck von einigen Wesensmerkmalen christlicher Führung vermitteln. In der Kongresserklärung von 2019 heißt es: „Eine Gesellschaft ist nur dann leistungsfähig und sozial zugleich, wenn sie weiß, dass sie sich einmal vor

Gott für alles verantworten muss, was sie tut oder lässt. Ähnlich drückt es beispielhaft die Präambel des deutschen Grundgesetzes aus, wenn sie von der ‚Verantwortung vor Gott und den Menschen' spricht."[3] Daraus erwächst die Forderung: „Wirtschaftliches Handeln braucht christliche Werte."[4]

Christliche Werte setzen jedoch einen lebendigen Gottesbezug, gelebte Gemeinschaft und echte Mitmenschlichkeit voraus. In besonderer Weise betrifft das auch das persönliche Glaubensleben jedes einzelnen Christen, wozu ich nachfolgend einige persönliche Inhalte beitragen möchte.

3. Gebet und lebendige Glaubenserfahrung – tragende Fundamente

Mein Verständnis als christlicher Unternehmer ist besonders von der Kernfrage geprägt, die mich schon seit meiner Jugendzeit beschäftigt. Dank unserer Eltern waren wir, meine Geschwister und ich, von früher Kindheit an wöchentliche, in der Urlaubszeit sogar tägliche Kirchgänger und dies sind wir heute immer noch.

Wenn im Kirchenjahr das Evangelium gelesen wird, in dem Jesus ausführt, dass eher ein Kamel durch ein Nadelöhr geht, als dass ein Reicher in das Reich Gottes gelangt (vgl. Mk 10,25; Mt 19,24; Lk 18,25) oder wenn das wunderschöne Lied gesungen wird, dass die Reichen gehen müssen und ihr Gut im Wind verweht (GL 261), dann stelle ich mir immer wieder die Frage, was der christliche Glaube über Reichtum lehrt und was eine verantwortungsvolle Unternehmensführung ist.

Zunächst gilt es festzuhalten: Ohne Geld – auch ohne Reichtum – lässt sich dauerhaft kein Unternehmen führen, denn es

---

[3] https://kcf.de/fileadmin/pdf/Kongresserklaerung_2019.pdf [zuletzt abgerufen am 19.02.2020].
[4] Ebd.

kommen immer wieder Ereignisse vor (z. B. ein langer Winter, Maschinenschäden, Vertriebsrückgänge, Krankheiten, wie ganz aktuell die globale Corona-Krise usw.), wo ein Unternehmer Rücklagen und damit Geld benötigt. Hier stellt sich ganz konkret die Frage: Ist es also überhaupt möglich und mit dem christlichen Glauben vereinbar, dass ein Unternehmen betriebswirtschaftlich geführt wird und gleichzeitig christliche Leitmotive verfolgt werden, oder muss nicht getreu den Schilderungen in Mk 10,17–21 erst das gesamte Vermögen verschenkt werden, um danach Christus folgen zu können? Diese Frage muss jeder für sich selbst, am besten im Gebet, klären. Ich will mir nicht anmaßen, hier Ratschläge zu geben; ich möchte lediglich einige persönliche Eindrücke kurz skizzieren:

Für mich war und ist es zunächst einmal beruhigend, dass Jesus die Jünger nach der Schilderung mit dem Nadelöhr ansah und sagte: Für Menschen ist das unmöglich, aber nicht für Gott; denn für Gott ist alles möglich.

Die Frage also, welcher Maßstab anzulegen ist, bleibt allein Gott vorbehalten. Zutreffend wurde von Frau Dr. Käßmann festgehalten, dass wir gläubige Menschen nicht tiefer fallen können als in Gottes Hand.[5] Deshalb dürfen wir, bei allen intellektuellen Auseinandersetzungen, getrost und kindlich vertrauensvoll auf Gott hoffen.

Doch fordert dies auch eine gedankliche Auseinandersetzung mit dem Thema. Für mich konkretisiert sich dies in der Frage: Was wäre, wenn alle Unternehmer, die christlichen Leitmotiven folgen, ihr Unternehmen verschenken würden? Wäre dies im Sinne Christi? Würde dies unsere Welt besser machen oder würden dann nicht, in einer sowieso schon harten Welt, Motive wie Verzeihen, Barmherzigkeit und Gerechtigkeit ganz verloren gehen? Würde damit ein kultureller Wandel einher-

---

[5] https://www.sueddeutsche.de/politik/kaessmanns-erklaerung-du-kannst-nie-tiefer-fallen-als-in-gottes-hand-1.24886 [zuletzt abgerufen am 19.02.2020].

gehen? Wer könnte und würde dann noch, ähnlich dem barm-
herzigen Samariter (vgl. Lk 10,25–37), helfen? Denn der Samariter war offensichtlich reich genug, dem Mann auf dem Weg
nach Jerusalem nach seinem Überfall zu helfen. Damit stellt
sich ganz offenkundig folgende Frage: Setzt die Bereitschaft
zur Hilfe nicht auch die (wirtschaftliche) Möglichkeit, Hilfe
leisten zu können, voraus? Mehr noch: Gibt es auch eine persönliche Berufung im Sinne einer gottgegebenen Aufgabe, Verantwortung in der Gesellschaft zu übernehmen? So stellt sich
noch eine andere Frage für mich:

Würde nicht der Unternehmer seine ihm von Gott gegebenen Talente verschenken (vgl. Mt 25,14–30), wenn er sein
Unternehmen aufgibt? Häufig sind es nämlich die finanziellen
Möglichkeiten und klassischen Unternehmertalente, die dazu
dienen, dass die Welt für Mensch, Tier und Umwelt verbessert
wird.

Allein der Blick auf die oben aufgeführten Fragen und eine
kurze Reflexion der hier nur skizzenhaft angedeuteten Wider-
sprüche lässt die Vermutung zu, dass es durchaus möglich ist,
zu den Lehren Christi zu stehen und trotzdem ein Unternehmen
wirtschaftlich erfolgreich zu führen. Der entscheidende Punkt
in der ethischen Bewertung ist wohl eher, wie das Unternehmen
geführt wird, nach welchen Grundsätzen und Prinzipien. Dazu
möchte ich abschließend einige Anregungen und Gedanken-
anstöße geben.

4. Impulse für eine christliche Unternehmensführung

Gerade in der Frage nach einer verantwortungsvollen christlichen Unternehmensführung sind Dankbarkeit und Demut gute
Ratgeber. Setzt man allein auf anthropologischer Ebene an, so
lässt sich ganz fundamental festhalten: Wir alle wurden mit
dem Leben beschenkt und damit auch mit einer Aufgabe be-

traut, mit einer Rolle, die Gott für uns vorgesehen hat. Dafür sollten wir dankbar sein. Dies fordert zugleich aber auch ein differenziertes Verständnis im Umgang mit Eigentum ein. So ist dieses weder selbstverständlich noch allein aus der eigenen Schaffenskraft erwachsen. Viele Faktoren kommen hier zusammen, Klugheit und Beharrlichkeit, Fleiß und Sparsamkeit, günstige Umstände und besonders die Menschen in unserem Umfeld. Häufig waren es treue und loyale Mitarbeiter, die maßgeblich zum Erfolg beigetragen haben. Jeder Unternehmer, der ehrlich zu sich ist, weiß auch, dass es bei der Unternehmensentwicklung immer auch Momente gegeben hat, wo der Ausgang unsicher war. Manches entzog sich der Planbarkeit, anderes verlief nicht wie geplant, manchmal besser oder auch schlechter. Gerade die Erfahrung der bleibenden Offenheit vieler Prozesse trägt im Wesentlichen zu einer Grundhaltung der Dankbarkeit für jeden positiven Geschäftsabschluss bei, der neben der eigenen Schaffenskraft immer auch um die Bedeutung einer glücklichen Fügung weiß. Dies betrifft insbesondere auch den Umgang mit den anvertrauten Mitarbeitern, der Umwelt und auch den Wirtschaftsgütern. So verändert sich nicht zuletzt auch das Unternehmensklima, die Art des Miteinanders und der zwischenmenschlichen Begegnung, die fast automatisch respektvoller und ehrlicher geschieht, wenn der Erfolg aus dem Blickwinkel der Dankbarkeit betrachtet wird.

Richtet man nur kurz den Blick auf aktuelle Management- und Führungsliteratur, so kann besonders auf die Publikationen von John Strelecky verwiesen werden.[6] Der Bestsellerautor Strelecky hat erkannt, dass (zumindest) unsere westliche Gesellschaft in einer Sinnkrise steckt. Und aus diesem Grund fordert er seine Leser auf, sich mit dem Zweck der eigenen Exis-

---

[6] Strelecky, John, Das Café am Rande der Welt: eine Erzählung über den Sinn des Lebens, München 2007; ders., The big five for life: Was wirklich zählt im Leben, München 2009.

tenz und den fünf wichtigsten Punkten („The Big Five for Life")
seines Lebens zu beschäftigen. Ich habe darüber in unserem Unternehmen berichtet und war erstaunt, wie wichtig diese Sinn-
frage für unsere Mitarbeiter war.

Zum Abschluss meines Beitrags möchte ich diese Überlegungen mit Ihnen teilen. Im Vorwort zur zweiten Auflage
seines Buches ist zu lesen: „Negative Beispiele von Menschen
in Führungspositionen werden uns heute Tag für Tag im Internet, in Zeitschriften und Zeitungen sowie im Fernsehen prä-
sentiert. So hören wir immer wieder, dass jemand Geschäfts-
bilanzen gefälscht und dadurch Tausende von Angestellten
um ihre Altersrücklagen gebracht hat. Oder dass jemand
Bestechungsgelder in Millionenhöhe angenommen und sich
damit aus dem Staub gemacht hat. Oder, dass Topmanager
satte Millionenprämien erhalten, obwohl sie ihre selbst ge-
steckten Ziele nicht erreicht haben und Tausende Menschen
aufgrund ihres Verschuldens entlassen werden mussten. An
wen können wir uns daher wenden, wenn wir erfahren möchten, was eine wahre Führungspersönlichkeit ausmacht? Wir
sollten uns an den Menschen orientieren, deren Geschichte
häufig nicht erzählt wird."[7]

Was der Autor hier in wenigen Zeilen zum Ausdruck bringt,
macht deutlich, wie wichtig es ist, Zeugnis zu geben für und
von Menschen, die wirtschaftliche und damit auch soziale Verantwortung für andere Menschen übernehmen. Sie geben selbst
damit Zeugnis von ihrem Glauben und den Werten, die ihr
Handeln tragen.

Die Motivation, aus christlicher Perspektive wirtschaftlich
zu handeln, bringen die Verse eines bekannten Liedes sehr
schön zum Ausdruck:

---

[7] Strelecky, John, The big five for life. Leadership's Greatest Secret: Was wirklich zählt im Leben, München [2]2014, 7f.

„Hilf, Herr meines Lebens,
dass ich nicht vergebens hier auf Erden bin ...
Hilf, Herr meines Lebens,
dass ich nicht zur Plage meinem Nächsten bin ...
Hilf, Herr meines Lebens,
dass ich nicht gebunden an mich selber bin ...
Hilf, Herr meines Lebens,
dass ich dort nicht fehle, wo ich nötig bin."[8]

---

[8] Gotteslob Nr. 440.

II.
Soziale Marktwirtschaft – ein Erfolgsmodell

Peter Schallenberg

Soziale Marktwirtschaft und christliche Werte

1. Naturrecht als Schöpfungsrecht

„Wie erkennt man, was recht ist? In der Geschichte sind Rechtsordnungen fast durchweg religiös begründet worden: Vom Blick auf die Gottheit her wird entschieden, was unter Menschen rechtens ist. Im Gegensatz zu anderen großen Religionen hat das Christentum dem Staat und der Gesellschaft nie ein Offenbarungsrecht, nie eine Rechtsordnung aus Offenbarung vorgegeben. Es hat stattdessen auf Natur und Vernunft als die wahren Rechtsquellen verwiesen – auf den Zusammenhang von objektiver und subjektiver Vernunft, der freilich das Gegründetsein beider Sphären in der schöpferischen Vernunft Gottes voraussetzt."[1] Papst Benedikt XVI. begründete mit diesen programmatischen Worten in seiner Ansprache im Deutschen Bundestag am 22. September 2011 den moralischen und rechtlichen Anspruch des Staates, der als demokratischer Rechtsstaat und damit als Ordnungsrahmen einer politischen und wirtschaftlichen Tätigkeit verfasst ist: Die Wertgrundlagen eines solchen Staates entziehen sich letztlich einer demokratischen Mehrheitsfindung; sie verdanken sich einer in der Natur der menschlichen Vernunft liegenden vorstaatlichen

---

[1] Benedikt XVI., Ansprache im Deutschen Bundestag, in: Verlautbarungen des Apostolischen Stuhls Nr. 189, Bonn 2011, 33; vgl. Thomas Söding, Kirche in modernen Gesellschaften – Die Gottesfrage in der säkularen Welt, in: Hans-Gert Pöttering (Hg.), Politik und Religion. Der Papst in Deutschland, St. Augustin – Berlin (Adenauer-Stiftung) 2011, 19–30.

Einsicht in Gut und Böse. Und dies in Hinsicht auf den Menschen und die menschliche Gemeinschaft. Mit anderen Worten: Wie müssen Mensch und politische Gemeinschaft gedacht werden, um dem Menschen als Person gerecht zu werden? Oder nochmals anders: Wie ist das Urbild vom Menschen, sein Ideal gleichsam, das der Gestaltung einer gerechten Verfassung und eines guten Staates zugrunde liegt? Das entscheidende Stichwort nennt Papst Benedikt XVI. in seinem obigen Zitat, wenn er von der schöpferischen Vernunft Gottes spricht. Und Wolfgang Waldstein, auf den der Papst wenige Zeilen später verweist, unterstreicht: „Der erste und wohl wesentlichste Grundzug des seit der vorchristlichen Antike entwickelten Menschenbildes ist das Bewußtsein der Geschöpflichkeit des Menschen. Damit hängen die weiteren Grundzüge zusammen, daß der Mensch in seinem Handeln an objektive Normen gebunden ist, die für ihn erkennbar sind, und daß der Sinn seines Lebens sich nicht in diesem Leben erschöpft."[2] Schöpfung wird verstanden als Grundlage menschlicher Ökologie. Auch wenn diese Rede vom christlichen Menschenbild und dem daraus ableitbaren Naturrecht als Grundlage der menschlichen Gesellschaft und des Staates im interreligiösen Dialog keineswegs unumstritten ist, so kann doch im Blick auf das Naturrecht als Schöpfungsrecht mit Charles Taylor festgehalten werden: „der für unsere Entwicklung im Abendland besonders schicksalsträchtige Bruch sei sozusagen der Einschnitt ganz oben gewesen, nämlich der jüdische Gedanke der *creatio ex nihilo* (wie wir heute sagen), durch den Gott ganz aus dem Kosmos herausgenommen und darüber platziert wurde."[3] Mit Francis Oakley kann man in diesem Gedanken der göttlichen Schöpfung geradezu den

---

[2] Wolfgang Waldstein, Ins Herz geschrieben. Das Naturrecht als Fundament einer menschlichen Gesellschaft, Augsburg (St. Ulrich) 2010, 31.

[3] Charles Taylor, Ein säkulares Zeitalter, Frankfurt/M. (Suhrkamp) 2009, 262, mit Verweis auf Francis Oakley, Kingship, Oxford (Blackwell) 2006, 50–57.

Ursprung der gleichen und gerechten Demokratie und des Rechtsstaates sehen,[4] und zwar im Gegensatz zur archaischen Monarchie: „Das Königtum ist aus einer ‚archaischen‘ Mentalität hervorgegangen, die offenbar durch und durch monistisch war. Aus dieser Sicht gab es keine undurchdringliche Schranke zwischen dem Menschlichen und dem Göttlichen."[5] Und Charles Taylor fügt mit Blick auf eine aus dieser Unterscheidung – nicht Abtrennung! – von menschlicher und göttlicher Welt, von Staat und Gott resultierende politische Ethik hinzu: „Das bedeutet, daß von Gott her Forderungen ergehen können, wir sollten mit dem ‚Lauf der Welt‘ brechen. Von der ‚Weisheit der Welt‘ (wie Rémi Brague sagt) geht kein Zwang mehr aus."[6] Der hier zustimmend zitierte Rémi Brague fasst seine These unter dem Titel „excès abrahamique" – „abrahamitische Überbietung" wäre wohl die passende Übersetzung – zusammen (im Gegensatz zur archaischen kosmologischen Religion) und nennt als grundlegende Merkmale dieser abrahamitischen Revolution: „La création se fait *ex nihilo*. Dieu seul est créateur, sans que rien ne limite sa libre volonté. Le monde a un commencement dans le temps. (…) Le monde visible est régi par une téléologie ordonée à l'homme et récapitulant l'ensemble du créé dans le péché, mais aussi dans la résurrection de la chair, pour l'ordonner en dernière instance à dieu seul."[7] Kurz und in den beiden abrahamitischen Grundbegriffen von Schöpfung und Erlösung zusammengefasst: „Unsere Welt ist in Unordnung geraten und muß neu geschaffen werden."[8] Oder etwas ausführlicher: Der Mensch ist in der Lage,

---

[4] Vgl. Paolo Grossi, Das Recht in der europäischen Geschichte, München (Beck) 2010.
[5] Francis Oakley, a. a. O., 7, zit. bei Charles Taylor, a. a. O., 261.
[6] Charles Taylor, a. a. O., 262.
[7] Rémi Brague, La Sagesse du monde. Histoire de l'experience humaine de l'univers, Paris (Fayard) 1999, 228; Ders., La loi de Dieu. Histoire philosophique d'une alliance, Paris (Gallimard) 2005.
[8] Charles Taylor, a. a. O., 261.

mit Hilfe seiner Vernunft, also von Natur aus, das Beste – nämlich das Göttliche – über und vor dieser realen Welt zu denken und zwar so zu denken, dass es richtunggebende Norm für das innerweltliche Verhalten wird. Gott tritt – immer zunächst im Denken der Vernunft – der Welt als Korrektiv gegenüber, mithin: Der Mensch korrigiert sich selbst und die ihn umgebende Welt durch Ethik und Denken – ganz so entsteht in der griechischen Achsenzeit[9] des 7. bis 5. Jahrhunderts v. Chr. die Ethik als Reflexion auf das Bessere und auf das Gute schlechthin, auf eine letzte Idee des Menschen, auf ein menschenwürdiges Ideal, kurz: auf das leitmotivisch wirkende Menschenbild.

2. Vom christlichen Menschenbild

Auch in der Moderne und ihrer Auseinandersetzung mit dem Christentum ist immer wieder die Rede vom christlichen Menschenbild. Wozu aber – und diese Frage wird leider häufig gar nicht gestellt – braucht man überhaupt ein Bild vom Menschen oder gar ein „christliches Menschenbild"? Vielleicht hilft eine kleine und nur mündlich überlieferte Geschichte weiter: Vom russischen Dichter Dostojewski wird berichtet, er habe anlässlich seiner Besuche in Dresden stets Stunden vor dem Bild der berühmten, himmlisch schönen Sixtinischen Madonna von Raphael im Zwinger verbracht. Als ihn eines Tages ein Museumswärter erstaunt fragte, warum er immer so lange vor dem Bild der Madonna verweile, soll der berühmte Künstler geantwortet haben: Damit ich nicht am Menschen verzweifle! Wenn nicht wahr, so doch gut erfunden: Das genau ist der Grund, warum der Mensch sich, seit es Menschen gibt, Bilder macht. Der Mensch braucht Bilder und schafft sich Bilder, um sich Rechen-

---

[9] Vgl. Karl Jaspers, Vom Ursprung und Ziel der Geschichte, Zürich (Artemis) 1949.

schaft zu geben über seine Wünsche und Sehnsüchte, über seine Träume und Hoffnungen, kurz: um sich Antwort zu erhoffen auf die beiden großen und einzig wichtigen Fragen des Lebens, nämlich „Woher komme ich?" und „Wohin gehe ich?" Die jüdisch-christliche Theologie beantwortet diese beiden großen Fragen mit den schon genannten Begriffen von Schöpfung und Erlösung, die das Bild Gottes im Menschen begründen und die mögliche geistige Ausrichtung der Natur auf Gottes Gnade ermöglichen,[10] will heißen: mit dem Glauben an Gott, der vor aller Zeit und außerhalb von Raum und Zeit ist und der den Menschen erschafft und ihm die Möglichkeit gibt, ein solches Leben zu führen, das ihn auf ewig, bei Gott und in seiner ewigen Liebe, leben und glücklich sein lässt. Etwas anders ausgedrückt: Jüdisch-christliche Theologie ist der festen Überzeugung, dass sich die beiden wesentlichen Fragen des menschlichen Lebens, nämlich die Frage nach dem „Woher" und nach dem „Wohin" nicht aus der Analyse und der technischen Beherrschbarkeit vergänglicher Materie beantworten, mithin aus der Naturwissenschaft, so nützlich sie auch im alltäglichen Leben sein mag. Nein, die Antwort auf diese beiden Sinnfragen ergibt sich nicht aus der Materie, sondern nur aus dem Geist des Menschen, näherhin aus der geistigen Möglichkeit des Menschen, mehr zu denken und zu ersehnen als nur die bloße Bedürfnisbefriedigung. Genauer: Gott zu denken und zu ersehnen, sich ein gültiges Bild von ihm zu machen.

3. Gott – Sehnsucht des menschlichen Geistes

Ist Gott aber dann nicht nur ein menschlicher Wunschtraum, eine Sehnsucht des menschlichen Geistes, ein bloßer Gedanke und nichts weiter? Oder gar, wie schärfer und bösartiger John

---

[10] Vgl. Peter Koslowski (Hg.), Gottesbegriff, Weltursprung und Menschenbild in den Weltreligionen, München (Piper) 2000, 67–87.

Stuart Mill, der Vater des utilitaristischen Liberalismus, meinte, die „heidnische Selbstbehauptung" sei der „christlichen Selbstverneinung" weit überlegen?[11] Oder, wie Friedrich Nietzsche zuspitzte, das Ressentiment der Zukurzgekommenen, die Lebenskrücke der Lebensuntüchtigen, schließlich, mit Lenin, das Opium des in dumpfer Lebensqual dahinbrütenden Volkes, das man nur aus materiellem Elend befreien muss, damit es seine geistigen Wolkenkuckucksheime umso bereitwilliger aufgibt, getreu der Devise des großen Spötters Heinrich Heine: Den Himmel überlassen wir den Spatzen [...] Was aber, wenn der Mensch, dieser scheinbar nackte Affe, eben doch nur scheinbar ein höher entwickeltes Tier wäre, wenn er in Wirklichkeit ein Lebewesen aus vergänglicher Materie und unvergänglichem Geist (wofür im Abendland der Begriff „Seele" sich einbürgerte) wäre? Wäre das der Fall oder auch nur ansatzweise denkbar – und wäre es etwa nicht denkbar angesichts der erstaunlichen Leistungen des menschlichen Geistes im Felde von Mozart-Symphonien und Schiller-Balladen? – und könnte das als gleichsam unsichtbare Wirklichkeit gedacht und geglaubt und als Bild vor dem inneren geistigen Auge festgehalten werden, dann käme alles darauf an, richtig zu denken, geistig zu leben, bevor man sodann materiell lebt und überlebt, sich gute Gedanken über Ethik zu machen, bevor man sich richtige Gedanken über die Technik macht.[12] Oder anders ausgedrückt, und ganz anders als Bertolt Brecht es sich dachte: Erst kommt die Moral und dann das Fressen. Das aber heißt dann auch: Erst kommt das Menschenbild, dann die Detailfragen der im Raum von Technik und Mathematik sich vollziehenden Strate-

---

[11] John Stuart Mill, On Liberty, in: Ders.: Three Essays, Oxford (University Press) 1975, 77. Zum Hintergrund John Stuart Mill, Autobiographie, Hamburg (Meiner) 2011.
[12] Vgl. Peter Schallenberg, Art. „Glück in der Theologie I", in: Dieter Thomä u. a. (Hgg.), Glück. Ein interdisziplinäres Handbuch, Stuttgart (Metzler) 2011, 434–439.

gien des Überlebens. Genau hier liegt aber der Wesenskern einer christlich inspirierten und dem Christentum verpflichteten Politik: Zuerst muss nach dem ethisch Guten gefragt werden, dann erst kann und soll nach dem technisch Richtigen gefragt werden.

4. Der Mensch – mehr Metaphysik als Physik

Nach christlicher Überzeugung ist der Mensch eben weit mehr Metaphysik als Physik, mehr im Raum der Ethik nach gutem und geglücktem Leben strebend als im Raum der Technik um möglichst langes und gesundes Überleben besorgt. Freilich: Jeder ist um ein langes und gesundes Leben besorgt, aber doch nur unter der Voraussetzung eines letzten Sinnes, eines Zieles, einer Antwort auf die Frage „Warum bin ich überhaupt auf der Welt?" Christlicher Glaube antwortet darauf mit dem Glauben an Gott und seine Offenbarung in Jesus Christus: So ist Gott, so liebenswert und menschenfreundlich. Und so soll und darf der Mensch sein, so liebenswert und menschenfreundlich. Und jede Technik muss diese innere Qualität des Menschen – jedes Menschen als Person – achten und voraussetzen, ohne doch ein Urteil über diese Qualität als Gottesebenbild und mit Menschenwürde begabt fällen zu dürfen. Technik ist richtig, aber nur wenn sie gut ist: Denn gut und böse ist der grundlegende Unterschied der ethischen Hochebene, und hier liegt gleichsam der springende Punkt. „Das Gute" ist unhintergehbar und unhinterfragbar, es ist, wie der Begriff der Würde,[13] nicht mehr weiter begründbar und nicht nochmals nach einem letzten Warum hinterfragbar. Das Gute wird nicht gut durch gute und nützliche Eigenschaften, und ein Mensch hat nicht

---

[13] Vgl. Heiner Bielefeldt, Auslaufmodell Menschenwürde? Warum sie in Frage steht und warum wir sie verteidigen müssen, Freiburg/Br. (Herder) 2011, Wilfried Härle, Würde. Groß vom Menschen denken, München (Diederichs) 2010; Peter Schaber, Instrumentalisierung und Würde, Paderborn (mentis) 2010.

deshalb Würde, weil er sich als gut und nützlich erweist. Richtig und Falsch hingegen sind die grundlegenden Unterschiede der technischen Tiefebene und messen sich immer nach einem letzten Ziel und Zweck, also nach Eigenschaften hinsichtlich eines bestimmten Zieles, das erreicht werden soll. Das letzte Ziel schlechthin aber ist nach dieser metaphysisch-ethischen Auffassung die gute Gesinnung und das gute Gewissen der Person – und diese Person entzieht sich einem letzten Zweck; sie lebt ganz zweckfrei. Einfach, weil sie es darf und Gott es so will: Das ist der Sinn der Rede von der Schöpfung Gottes. Ich und jeder andere lebt weder aus eigenen Gnaden noch von Gnaden des Anderen, sondern von Gnaden eines unsichtbaren Gottes, den kein Mensch je empirisch erfahren hat, den man nur denkt, um des besten Zusammenlebens willen. Freilich denkt das Christentum noch mehr: Es denkt über das empirische Wissen hinaus und denkt Gott als Offenbarung, also als Person, die durch Propheten und Gesetzgebung, schließlich in Jesus von Nazareth und in der von ihm gestifteten Kirche, ja auch im Gewissen eines jeden Menschen sich offenbart und ausspricht. Das alles meint christliches Menschenbild. Und es widersetzt sich vom ersten Ansatz her jedem Versuch der künstlichen Züchtung oder gar der technischen Herstellung, es steht allein der Bildung und Ausbildung und Erziehung zur Verfügung.[14] Exakt hier wird auch die letzte ethische Grenze der künstlichen Intelligenz sichtbar!

---

[14] Vgl. Peter Schallenberg, Menschenbildung oder Menschenzüchtung? Zum schwierigen Verhältnis von Mystik und Politik, in: Ders. (Hg.), „Als wögen Tränen unsere Arbeit auf" – Menschliche Arbeit im gesellschaftlichen Wandel, Münster (LIT) 1999, 249–258.

5. Die ethische Erziehung des Menschen

Damit ist ein Stichwort benannt, das im theologischen und politischen Denken des Christentums eine große Rolle spielt, nämlich die Ausbildung und Erziehung des Menschen – zuerst durch Gott im Lauf der Heilsgeschichte und durch Ethik im Lauf der Lebensgeschichte. Bildung und Ausbildung ist ja in dieser Sicht immer etwas Abgeleitetes und Zweites, etwas Verfügbares, das dem unverfügbaren Urbild oder der Uridee entsprechen muss, um authentisch zu sein. Gedacht ist an eine der Realität vorausliegende Idealität, deren geistige Erkenntnis erst eine Bewältigung und Formung der Realität ermöglicht und so zu einem sittlichen Lebensentwurf führt. Die Idee des Guten liegt aller Erkenntnis und allem Handeln voraus: Das war präzis die Überzeugung der platonischen Philosophie. „Das Gute ist also ein umfassendes Prinzip des Seins, der Erkenntnis und des Wertes, der letzte Ursprung von allem in ontologischer, gnoseologischer und axiologischer Hinsicht. Das Prinzip wird von allem, was es hervorbringt, klar geschieden: Das Gute ist selbst weder Wahrheit noch Erkenntnis, sondern macht diese möglich und überragt sie noch an Schönheit, und ebenso gibt es den Ideen ihr Sein und ihr Wesen, ist selbst aber nicht mehr Sein, sondern ragt an Würde und Macht noch jenseits des Seins über dieses hinaus."[15] Wenn und insofern Gott als Schöpfer mit diesem ersten Sein als dem Guten schlechthin identifiziert wird, kann auch die biblische Überlieferung von der Erschaffung der Welt und des Menschen präziser und umfassender verstanden werden. Genau das ist dann nämlich mit der alttestamentlichen Rede vom sagenhaften Garten Eden, dem vergangenen Paradies der Idealität, und mit der Rede von der ursprünglichen Gottesebenbildlichkeit des

---

[15] Thomas A. Szlezák, Was Europa den Griechen verdankt. Von den Grundlagen unserer Kultur in der griechischen Antike, Tübingen (Mohr Siebeck) 2010, 242.

Menschen im Schöpfungsbericht im Buch Genesis gemeint:[16] Der Kern des Menschen, sein ursprüngliches Wesen also, ist als Ideal gedacht. Es ist gut infolge der Teilhabe an Gottes vollkommener Gutheit (das meint der christlich-jüdische Begriff der Schöpfung und der Erschaffung der Welt) und damit vom Wesen her auf das Gute und auf Gott hin ausgerichtet. Oder anders: Das Gute ist das Sein und damit wirklich, das Böse ist eigentlich „unwirklich", *privatio boni*, Abwesenheit von Gutem – was seiner Grausamkeit keinen Abbruch tut, wohl aber tröstlich ist im Blick auf seine mögliche Überwindung! Für die christliche Theologie wird die Gottesebenbildlichkeit des Menschen verwirklicht durch seine geistigen Tätigkeiten, oder, in der Sprache der griechischen Philosophie, durch den Unterschied von Handeln (*praxis*) und Machen (*poiesis*): „Machen besitzt nur eine indirekte moralische Qualität, weil es seine Wertigkeit vom hergestellten Gegenstand her bezieht. Dem Handeln kommt dagegen *per se* moralische Bedeutung zu, weswegen Aristoteles auch eine hierarchische Ordnung annimmt, der zufolge Praxis höher zu bewerten ist als Poiesis. Bisweilen läuft diese Ordnung darauf hinaus, dass die Ergebnisse von Poiesistätigkeiten dazu verwendet werden, um wertvolle Handlungen zu verrichten. Am deutlichsten zeigt sich die Dominanz der Praxis, wenn Aristoteles behauptet, das Leben als Ganzes habe den Charakter einer Praxis, denn schließlich liege der Zweck des menschlichen Lebens darin, gut zu leben."[17] Gut meint hier ziemlich exakt genau das, was wir modern das Glück nennen, und zwar im Sinn einer umfassenden und vollkommenen Beglückung des eigenen Lebens im Zusammenleben mit anderen Menschen. Gerade dies ist ja die letzte Sinnspitze einer aristotelischen Ethik, die im Hochmittelalter von Thomas

---

[16] Vgl. Odil Hannes Steck, Der Schöpfungsbericht der Priesterschrift: Studien zur literarkritischen und überlieferungsgeschichtlichen Problematik von Genesis 1,1–2,4a, Göttingen (Vandenhoeck & Ruprecht) 1981.

[17] Marcel Becker, Art. „Praxis / Poiesis", in: Jean-Pierre Wils / Christoph Hübenthal (Hgg.), Lexikon der Ethik, a. a. O., 302–305, hier 303.

von Aquin mit dem Konzept der Glückseligkeit (als *beatitudo*) aufgegriffen und in den Horizont der Offenbarung und damit der Theologie gestellt wird:[18] „Daß jeder Mensch glücklich werden möchte, bedarf keiner Begründung, Eudaimonie ist das für alle evidente letzte Ziel. Zu erreichen ist es nur durch ein Leben, das den Tugenden entspricht. Unter einer Tugend versteht Aristoteles eine feste Grundhaltung (*héxis*, lateinisch *habitus*) der Seele, die die Extreme vermeidet und die richtige Mitte verwirklicht. Daß auch diese als typisch aristotelisch geltende so genannte Mesotes-Lehre ihre Wurzeln bei Platon hat, sei nur am Rande erwähnt. (…) Diese Struktur der richtigen Mitte zwischen gegensätzlichen Formen des Fehlverhaltens findet Aristoteles in allen Tugenden. Ein Leben gemäß den Tugenden führt, wenn äußeres Unglück fernbleibt, zu der dem Menschen erreichbaren Glückseligkeit."[19]

6. Sittliche Freiheit und vollkommenes Glück

Dieses Glück trägt in der ethischen Tradition des Christentums den Namen Liebe, und zugleich wird auch der Weg der Tugend, der zu jenem Ziel führt, als Liebe bezeichnet und in der Offenbarung des Neuen Testamentes breit entfaltet, sodann seit der Zeit der Kirchenväter als ethische Systematik allmählich entwickelt. Beglückt durch den anderen Menschen vor dem Glück des eigenen Lebens stehen dürfen: Genau das ist jetzt mit dem Begriff der Schöpfung als Geschenk und Gabe des eigenen Lebens gemeint.[20] Natur und ihre Zufälligkeit wird als Schöpfung

---

[18] Vgl. Otto Hermann Pesch, Das Streben nach *beatitudo* bei Thomas von Aquin im Kontext seiner Theologie. Historische und systematische Fragen, in: Freiburger Zeitschrift für Philosophie und Theologie 52 (2005) 427–453.

[19] Thomas A. Szlézak, Was Europa den Griechen verdankt, a. a. O., 250.

[20] Vgl. Josef Pieper, Alles Glück ist Liebesglück, Hamburg (Meiner) 1992, 13: „Was naturhaft geschieht, das geschieht von Schöpfungs wegen, auf Grund der

und göttliche Notwendigkeit interpretiert; eine höchst eindrucksvolle geistige Leistung des Menschen bricht sich Bahn. Gerade durch diesen wesenhaften Bezug zum vergeistigten Glück[21] (und nicht bloß durch die Möglichkeit einer empirisch fassbaren Bedürfnisbefriedigung) überragt der Mensch als einziges der Lebewesen den Bereich der empirischen Natur. Damit hat der Mensch gerade durch seine Möglichkeit (oder Verweigerung) der Aktuierung seiner sittlichen Freiheit zum vollkommenen Glück eine Sonderstellung im Kosmos inne. Der Mensch ist als politisches Lebewesen das Wesen der Freiheit: Er kann sein Ziel vollkommener Glückseligkeit aktiv und in Zusammenarbeit mit allen anderen Menschen anstreben, so entsteht der Staat und so entsteht, aus dem Handeln in den griechischen Stadtstaaten, die Politik. Aber der Mensch erlebt sich zugleich auch als Mängelwesen, als durch Defekt und „Ursünde" je schon in seiner Freiheit zum Guten und zum vollkommenen Glück eingeschränkt. Die Schöpfung Gottes als innerste Wesensnatur des Menschen ist eingeschränkt durch die ebenso zur faktischen Natur des Menschen gehörende Fähigkeit zur Verfehlung und zum Bösen und zur Sünde. Sündigen ist, so zu leben, als ob Gott nicht existierte, ihn aus dem eigenen Alltag beseitigen, zu zweifeln an der von Gott geschenkten eigenen Notwendigkeit, sich und andere für entbehrliche Staubkörner im Universum zu halten. Dagegen, gegen diese tiefsitzende innere geistige Verzweiflung und Verödung des Menschen, muss die wesenhafte, aber gebrochene Freiheit zum Guten und zum Besten gefördert und motiviert werden. Mit anderen Worten: Es braucht Anreizsysteme für den Menschen, damit er im Ge-

---

Erschaffung; und das heißt, es geschieht einerseits aus dem innersten und eigensten Impuls der Kreatur, andererseits stammt der allererste Anstoß dieses Impulses nicht aus dem Herzen dieses gleichen geschaffenen Wesens, sondern aus dem alle Dynamik in der Welt in Gang bringenden Akt der *creatio*".
[21] Vgl. Klaus Demmer, Das vergeistigte Glück. Gedanken zum christlichen Eudämonieverständnis, in: Gregorianum 72 (1991) 99–115.

wissen sich auf das Gute hin ausbildet und ausstreckt, damit er das Gute in konkreter Gestalt in seinem Leben für attraktiv hält und es in die Tat des Alltags umsetzt. Ohne eine vor Gott abgesicherte Güterabwägung und einen steten Willen zum Verzicht wird diese Grundentscheidung des Gewissens zum Guten nicht gelingen, wird das Leben nicht gelingen.[22] Dies charakterisiert nochmals den schon erwähnten christlichen Begriff von Bildung: Aus-Bildung des ursprünglichen Gottesebenbildes durch entschiedene Gewissens- und Herzensbildung, damit das Bild des Guten konkrete Gestalt im Denken und Handeln gewinnt. Solche Bildung ist aber keineswegs nur eine Aufgabe von Personen, sondern ebenso von politischen Institutionen, näherhin von Staat und Wirtschaft: Die guten Strebungen des Menschen sollen durch Anreize gefördert, die Versuchungen zum Bösen dagegen durch Sanktionen abgewehrt werden. Denn dem Menschen fehlen instinktive und unfehlbare Neigungen zum Guten und zum Besten, er neigt zu Fremd- und Selbstzerstörung, er hält ein nur scheinbar Gutes für ein wirklich Gutes und verstrickt sich auf der suchtartigen Suche nach dem Guten im Vorletzten, in der Sünde, im Bösen. Nach christlichem Glauben gehört das zum Erbe des Menschen, auch vor jeder persönlichen und individuellen Schuld. Daher spricht der christliche Glaube von der Ursünde des Menschen und der Erbsünde der im Menschen eingewurzelten Lieblosigkeit, die sich jedem menschlichen Streben nach Glück stellenweise höchst erfolgreich in den Weg stellt. Albert Görres unterstreicht prägnant und kurz: „Die Antriebe werden narzißtisch und egoistisch. Sie neigen zur gewaltsamen Durchsetzung."[23]

---

[22] Vgl. Peter Schallenberg, „Wenn jemand nicht sein Leben gering achtet ..." Christliche Lebensentscheidung in geglücktem Verzicht, in: Intams Review 18 (2002) 240–247.
[23] Albert Görres, Psychologische Bemerkungen über die Erbsünde und ihre Folgen, in: Christoph Schönborn u. a. (Hgg.), Zur kirchlichen Erbsündenlehre, Freiburg/Br. (Herder) 1991, 13–35, hier: 18.

7. Vollendung der menschlichen Natur

Die menschliche Wesensnatur verwirklicht sich also nach europäischer Tradition im Raum gesellschaftlicher und staatlicher Ordnung und Zivilisation. Auch im Raum geordneter Ökonomie, also einer sozial-ökologischen Marktwirtschaft; der explizite Weg dahin beginnt mit der franziskanischen Reformbewegung im Hochmittelalter und mit der Schule von Salamanca nach der Entdeckung der neuen Welt.[24] Es bilden sich ethische Traditionen aus, die Wege zu gelungenem und geglücktem Leben erhoffen lassen. Insofern stehen Kultur und Politik im Dienst einer nach vollkommener Vollendung strebenden menschlichen Natur, die ihrerseits nur schwach vorgezeichnete Wege zu dieser Vollendung in den Instinkten findet. Jede Form höherer Kultur entsteht durch ein Vernunftrecht, das sich als eine Art kritisches Naturrecht ausweist: Was denkt jeder Mensch von Natur aus und mit seiner Vernunft als gut und vollkommen? Und genau hier wird der normethische Begriff der Menschenwürde einzutragen sein, verbürgt er doch in einzigartiger Schärfe Selbstzweck und Universalisierung von Personalität, die für jeden Menschen den Ausgangspunkt geglückten Menschseins darstellt.[25] Menschenwürde legt sich aus in Menschenrechten, die als kulturelle Grundlage der Wirtschaftsordnung dienen.[26] Das Zueinander von Natur und Kultur zu bestimmen und zugleich die Grenze zwischen einer Ausbildung und einer Zerstörung der ursprünglichen Natur immer neu in den Blick zu nehmen, ist die vornehmste Auf-

---

[24] Vgl. Giuseppe Franco, Da Salamanca a Friburgo: Joseph Höffner e l'economia sociale del mercato, Lateran University Press 2015.

[25] Vgl. Eberhard Schockenhoff, Naturrecht und Menschenwürde. Universale Ethik in einer geschichtlichen Welt, Mainz (Grünewald) 1996.

[26] Vgl. Peter G. Kirchschläger, Wirtschaft und Menschenrechte, in: Ingeborg Gabriel / Peter G. Kirchschläger / Richard Sturn (Hgg.), Eine Wirtschaft, die Leben fördert. Wirtschafts- und unternehmensethische Reflexionen im Anschluss an Papst Franziskus, Ostfildern (Grünewald) 2017, 241–264.

gabe der Ethik, nicht zuletzt der Sozialethik, und dies gerade im Blick auf Nachhaltigkeit und Humanökologie.[27] Kultur erscheint dann als notwendiger Humus einer menschenwürdigen Gesellschaft und einer menschenwürdigen Wirtschaft; Kultur bildet die notwendige Ergänzung und Überformung einer in sich gebrochenen Natur. Diese menschliche Natur trägt zwar noch eine schwache Erinnerung an das Beste (an das ursprüngliche Paradies des geglückten Lebens) in sich, ist aber aus sich heraus nicht in der Lage, dieses Glück zu erreichen. Aus dieser Sicht der christlichen Theologie ist daher Rousseau, den Jacques Maritain in einer berühmten Formulierung einmal den „père du monde moderne" genannt hat,[28] entschieden zu widersprechen, wenn er mit seinem Ruf „Zurück zur Natur" die ursprüngliche Natur einfach glaubt, wiederherstellen zu können, und zwar durch eine radikal subjektivistische Moral und einen naturalistischen Rationalismus.[29] „Rousseau errichtet einen neuen, einen konsequent subjektiven Maßstab, der Epoche machen sollte. Dieser Maßstab lautet: Übereinstimmung – nicht mit einer objektiven Norm, son-

---

[27] Vgl. Markus Vogt, Ökologische Gerechtigkeit und Humanökologie, in: Ingeborg Gabriel / Petra Steinmair-Pösel (Hgg.), Gerechtigkeit in einer endlichen Welt. Ökologie – Wirtschaft – Ethik, Ostfildern (Grünewald) 2013, 64–84.

[28] Jacques Maritain, Trois réformateurs: Luther – Descartes – Rousseau, in: Ders., Oeuvres completes, vol III 1924–1929, Fribourg (Editions universitaires)1984, 429–655, hier 529.

[29] Vgl. Friedrich August von Hayek, Die verhängnisvolle Anmaßung: Die Irrtümer des Sozialismus, Tübingen (Mohr Siebeck) 1996, 51: „Nachdem er behauptet hatte, der animalische Instinkt sei ein besserer Führer zum geordneten Zusammenwirken der Menschheit als entweder Tradition oder Vernunft, erfand Rousseau die ‚volonté générale‘, den fiktiven Willen des Volkes, durch den das Volk ‚einen geistigen Gesamtkörper, seine Einheit, sein gemeinsames Ich erhält‘. Das ist wohl die Hauptursache der verhängnisvollen Anmaßung des modernen intellektuellen Rationalismus, der uns zu einem Paradies zurückzuführen verspricht, in dem unsere natürlichen Instinkte und nicht die Fesseln, die wir ihnen anzulegen gelernt haben, uns ermöglichen werden, uns die Erde untertan zu machen, wie es dem Menschen im biblischen Schöpfungsbericht aufgetragen ist."

dern mit sich selbst."[30] Das Paradies ist auf Erden nicht zu konstruieren; das war noch der Irrtum der neomarxistischen Bewegung nach dem Zweiten Weltkrieg und auch etwa der von Rousseau inspirierten deutschen Reformpädagogik. Aber auch Thomas Hobbes mit seinem berühmt-berüchtigten Wort „Homo homini lupus est – der Mensch ist dem Menschen ein Wolf" ist aus christlicher Sicht zu widersprechen, wenn er die Natur des Menschen einfach für böse und verderbt hält und nur durch den staatlichen Leviathan zu bändigen glaubt: Das Paradies ist auf Erden, im Geist des Menschen nämlich und in guten Gedanken, bruchstückhaft zu erkennen und auch durch Anreize zum Guten in Umrissen und wenigstens skizzenhaft zu erstellen. Das Streben jedes Menschen nach Glückseligkeit führt, kantianisch gesprochen, zu der Variante des Kategorischen Imperativs, wonach zu tun ist, wodurch der Mensch würdig ist, glücklich zu sein: in Übereinstimmung mit sich als dem Wesen der Sittlichkeit zu leben. Kultur speichert solche menschenwürdigen Mittel der Glücksgewinnung. Gedacht sei etwa an den Begriff der unveräußerlichen Menschenwürde, die der Staat zu garantieren hat: Es gibt das unveräußerliche Recht des Individuums auf eine würdige, seiner Vernunft und seinen Neigungen angemessenen Glücksstrebung. Daher unterstreicht Otfried Höffe: „Die Neigungen sind übrigens nicht glücksunwürdig, vielmehr für sich genommen unschuldig. Nur die Mittel und Wege sind des Glückes würdig (z. B. Ehrlichkeit) oder aber unwürdig (z. B. Betrug)."[31]

---

[30] Robert Spaemann, Rousseau – Bürger ohne Vaterland, München (Piper) 1992, 23.
[31] Otfried Höffe, Kants Kritik der reinen Vernunft. Die Grundlegung der modernen Philosophie, München (Piper) 2004, 294, Anm. 46.

8. Das Menschenbild in Politik und Ökonomie

Für das Menschenbild in Politik und Ökonomie und in der marktwirtschaftlich-rechtsstaatlichen Demokratie heißt das aus Sicht der christlichen Theologie: Dem Individuum und seiner gebrochenen Freiheit zum Guten gebührt der ständige Vorrang vor dem Kollektiv, der Person gebührt der Primat vor der Gesellschaft. Daher unterstreicht die katholische Soziallehre und jede Form katholischer politischer Ethik den zentralen Wert von Personalität und Subsidiarität und spricht von Ehe und Familie als der Keimzelle des Staates. Nicht der Staat hat ursprünglich ein Recht, sondern jede Person hat unveräußerliche Grundrechte, und der Staat hat nur insoweit Recht (einschließlich des Gewaltmonopols), als er bedrohte Rechte von Personen zu schützen hat. Jedem offenkundigen oder auch klandestinen Unterjochen der Person durch einen liberalistischen oder ökonomischen Utilitarismus oder durch totalisierende Gesellschaftssysteme ist entschieden zu widersprechen und zu widerstehen. Aber umgekehrt gilt auch: Die Heiligung und Vervollkommnung des Menschen im Blick auf ein gelungenes Bild vom Glück ist von Staat und Gesellschaft entschieden zu fördern. Es braucht Anreize zur Heilung und zum Guten durch Bildung und Leitbilder. Wenn alles gleich gültig ist aus Sicht des Staates, wenn der Staat sich selbst als gleichgültig gegenüber allen Werten und in diesem letztlich absurden Sinn als wertneutral empfindet, wenn jede Lebensentscheidung und jede Lebensform als vor dem Gesetz und vor der Gesellschaft gleich gültig betrachtet wird, dann ist letztlich alles gleichgültig, dann wird auf Dauer auch der Mensch gleichgültig gegenüber dem wirklich Guten, dann geht es letztlich nur noch um unterschiedliche Optionen höchst unterschiedlicher Individuen, die miteinander nicht mehr teilen als den entschiedenen Willen zum Überleben um jeden Preis. Dieser Wertrelativismus und die damit verbundene Absage an ein gewissensbindendes Naturrecht –

wobei Natur für den Rest an nicht manipulierbarer biologischer Zufälligkeit als Substrat menschlichen Wesens steht – wäre das Ende der Menschheit und die Abschaffung des Menschen, vor der Clive S. Lewis hellsichtig schon 1943 warnte: „Das Endstadium ist da, wenn der Mensch mit Hilfe von Eugenik und vorgeburtlicher Konditionierung und dank einer Erziehung, die auf perfekt angewandter Psychologie beruht, absolute Kontrolle über sich selbst erlangt hat. Die *menschliche* Natur wird das letzte Stück Natur sein, das vor dem Menschen kapituliert." [32] Es ist gewiss kein Zufall, dass diese Auseinandersetzung in der Postmoderne besonders heftig auf dem sensiblen Feld der Bioethik tobt, und hier in der Auseinandersetzung mit dem Utilitarismus, [33] berühren sich doch gerade hier in entscheidender Weise biologisch-empirische und philosophisch-theologische Paradigmen, nicht zuletzt im ethischen Grundbegriff von Selbstverwirklichung und Autonomie. [34] Noch einmal ist hier an die zentralen Begriffe von Personalität und Freiheit zu erinnern, wenn vom christlichen und europäisch-abendländischen Menschenbild [35] die Rede ist und von christlicher Demokratie. Freiheit und Personalität gehören zusammen. Eine rechtsstaatliche Demokratie muss sich dieser Verantwortung gegenüber dem gerechten Wohl jeder Person bewusst sein, will sie nicht insgeheim und schleichend zur gut organisierten Räuberbande

---

[32] Clive S. Lewis, Die Abschaffung des Menschen, Einsiedeln (Johannes) 1983, 62.

[33] Vgl. Marcus Düwell, Utilitarismus und Bioethik: Das Beispiel von Peter Singers praktischer Ethik, in: Ders. / Klaus Steigleder (Hgg.), Bioethik. Eine Einführung, Frankfurt (Suhrkamp) 2003, 57–71.

[34] Vgl. Dietmar Mieth, Genetische Frühselektion. In welcher Gesellschaft wollen wir leben, in: Stimmen der Zeit 228 (2010) 663–672; Peter Schallenberg, Sterbehilfe zwischen Selbstbestimmung und Selbstverwirklichung, in: Zeitschrift für Lebensrecht 19 (2010) 49–54; Felix Thiele, Autonomie und Einwilligung in der Medizin. Eine moralphilosophische Rekonstruktion, Paderborn (mentis) 2011.

[35] Vgl. Roger-Pol Droit, Das Abendland. Wie wir uns und die Welt sehen, Darmstadt (Wiss. Buchgesellschaft) 2010.

mutieren. Das Christentum in der pluralen Gesellschaft und als Grundlage der Ordnung einer Sozialen Marktwirtschaft will diese fundamentale Würde und Personalität jeder menschlichen Person garantieren – mit dem Hinweis auf den personalen Gott!

Ingo Proft

„Eigentum verpflichtet" – zur materiellen Dimension sozialer Verantwortung[1]

Einleitung

„Money makes the world go round" oder „Geld bestimmt die Welt". Ob finanzökonomische Turbulenzen an den Börsen, besonders seit 2008, die Immobilienblase in den USA oder die seit Jahren andauernden Austrittsüberlegungen einzelner EU-Länder, die mit variierenden Exit-Strategien immer neue Blüten treiben, Geld und wirtschaftlicher Wohlstand sind unlängst zum Schmieröl im Getriebe, nicht nur unserer Wirtschaftswelt geworden. Dabei stehen individueller Wohlstand und soziale Verantwortung sich immer häufiger gegenüber.

Der vorliegende Artikel will einige Akzente zur Vereinbarkeit von Individualwohl und Gemeinwohl im Umgang mit Eigentum setzen. Hierbei finden sowohl klassisch moraltheologische Überlegungen, die stärker individualethischen Deutungsmustern folgen, als auch sozialethische Ansätze Berücksichtigung, insofern sie das ethische Handeln in Verantwortung für die Gemeinschaft reflektieren.

Ziel der nachfolgenden Ausführungen wird es sein, eine individual- und sozialethisch tragfähige Handlungsorientierung zum Umgang mit Eigentum zu bestimmen. Damit ist bereits an dieser Stelle eine wichtige Vorannahme gemacht, insofern theologische Ethik als handlungsleitende Sinnwissen-

---

[1] Erweiterte Fassung der Antrittsvorlesung an der Philosophisch-Theologischen Hochschule Vallendar.

schaft[2] qualifiziert wird, die neben der kritischen Reflexion auf die Grundlagen sittlichen Handelns wesentlich durch Vernunftgemäßheit und Kommunikabilität sowie durch Praktikabilität bestimmt ist. Mit anderen Worten bedeutet dies, Ethik muss sich in der Praxis bewähren und darf nicht nur auf der Ebene des Postulats verharren. Sie muss einsichtig und für Erfahrungen zugänglich sein, um mit ihren Inhalten Relevanz zu entfalten.

Der Aufbau sieht drei Kapitel vor, die sich methodisch am klassischen Dreischritt Sehen-Urteilen-Handeln orientieren:

Kapitel 1 Sehen nimmt sich einer kurzen Problemexposition an. Dies geschieht in zwei Schritten. Zunächst wird eine Begriffsbestimmung vorgenommen. Daran schließen sich zentrale Entwicklungslinien der ethischen Bewertungen von Eigentum an, die Eingang in die katholische Soziallehre gefunden haben.

Kapitel 2 Urteilen führt diese Linien in der Systematik einer christlichen Eigentumslehre zusammen und reflektiert ausgewählte Sozialprinzipien ethischer Urteilsbildung im Kontext der katholischen Soziallehre.

Kapitel 3 Handeln stellt schließlich konkrete Ansätze zur Umsetzung der Sozialpflichtigkeit von Eigentum auf Grundlage einer Verantwortungsethik vor.

---

[2] Vgl. hierzu die Dissertation von Wolfers, Melanie, Theologische Ethik als handlungsleitende Sinnwissenschaft. Der fundamentalethische Entwurf von Klaus Demmer, Freiburg/Schweiz 2003.

1. Sehen

1.1 Problemexposition

Die Verfügbarkeit von Gütern wird vielfach über das Verhältnis von Nachfrage und Preis geregelt. „Dieses allgemeine ökonomische Gesetz wird dort zum Problem, wo Menschen unabweislich auf Güter und Dienstleistungen angewiesen sind, um elementare humane Bedürfnisse, z. B. nach Wasser, Nahrung, Wohnung, Bildung, Gesundheit usf. zu befriedigen."[3] Hier setzt die Ethik als *sittliche Handlungswissenschaft* an, die einerseits Rechenschaft über die Gründe und Zielsetzungen unseres Handelns geben will, andererseits zur Verantwortung im Umgang mit den konkreten Handlungsfolgen anleitet. Konkret steht sie vor der Aufgabe, Kriterien zu bestimmen, die den Zugang, den Umfang wie auch die Verteilung von Gütern regeln. Als *kritische Sinnwissenschaft* gibt Ethik zugleich auch Orientierung, leitet an zur Unterscheidung von richtig und falsch, gut und böse[4] und sensibilisiert neben der bloßen Erfüllung geltender Normen für den jeweiligen sittlichen Anspruch. Beide Dimensionen der Ethik müssen in der Frage nach einem sozial verantworteten Umgang mit Eigentum Berücksichtigung finden, wobei Ethik handlungsorientierend, z. T. auch handlungsregulierend wirkt.

Kurz gefasst: Ethik setzt bei der Freiheit und Vernunft des sittlichen Subjektes an und zielt auf die Verantwortung als Be-

---

[3] Baumgartner, Alois, III. Wirtschaftliche Effizienz, in: Heimbach-Steins, Marianne (Hg.), Christliche Sozialethik. Ein Lehrbuch, Bd. 2 Konkretionen, Regensburg 2015, 82–108, hier: 87.

[4] An dieser Stelle ist auf die dreifache Differenzierung des 2007 verstorbenen Frankfurter Moraltheologen Bruno Schüller hinzuweisen, der zwischen sachlich richtig oder falsch, sittlich richtig oder falsch und sittlich gut oder böse unterscheidet. Vgl. hierzu auch sein Grundlagenwerk: Die Begründung sittlicher Urteile. Typen ethischer Argumentation in der katholischen Moraltheologie, Düsseldorf [3]1987.

reitschaft vor sich selbst, den Nächsten und – als theologische Ethik – auch vor Gott Rechenschaft zu geben.

Die in verschiedenen Bereichsethiken wie der Medizin-, Pflege- oder Wirtschaftsethik gebrauchte Unterscheidung zwischen Bedürfnis und Bedarf[5] hinsichtlich der Zumessung von Gütern, sei hier lediglich genannt, fortan aber gleichinhaltlich gebraucht, soll es um die Zumessung und Nutzung existenzieller, d. h. lebensrelevanter Güter gehen.[6] Diese Festlegung ist besonders für den sozialethischen Diskurs, dem im 2. Kapitel nachgespürt wird, von Bedeutung. Hiermit verbinden sich unterschiedliche Schwerpunkte ethischer Urteilsbildung, sei es als Verteilungs-, Leistungs-, Bedarfs- oder Teilhabegerechtigkeit, die als gemeinsames Fundament den Zugang zu existenziellen Gütern aufweisen.

Ganz konkret zeigen sich derartige Überlegungen etwa in der Debatte[7] um ein bedingungsloses Grundeinkommen, die, u. a. in Finnland verstärkt seit 2016, auf einen gefährlichen Perspektivwechsel aufmerksam machen. In der aktuellen Diskussion um Eigentum und Sozialpflichtigkeit zeichnet sich ein starker regulativer Charakter von Seiten der Sozialgemeinschaft bzw. des Staates ab, in dem nicht nur die individuelle sittliche Verantwortung gegenüber der Sozialgemeinschaft im Umgang mit Eigentum, sondern auch das Bewusstsein, für sich selbst Sorge zu tragen, zunehmend verloren gehen. Immer stärker wird die Sozialgemeinschaft als Erfüllungsinstanz existenzieller Bedarfe wahrgenommen – die Pflicht eigenverantworteter Existenzsicherung nimmt ab. Verkannt wird dabei die unkündbare Bezogenheit von Individualwohl und Gemeinwohl, von Eigen-

---

[5] Vgl. hierzu Clement, Werner; Fiala, Markus, Beiträge zur Gesundheitsökonomie 2000, Wien 2000, 18.

[6] Verwendung findet hier ein Verständnis von Bedarf, das sich an der existenziellen Absicherung des Individuums orientiert und darüber hinausgehende eigene bzw. fremdinduzierte Bedürfnisse außen vor lässt.

[7] https://www.welt.de/politik/ausland/article157867714/So-hoch-ist-das-bedingungslose-Grundeinkommen.html [zuletzt abgerufen am 05.08.2019].

verantwortung und Sozialverantwortung. Zudem scheint immer mehr das Bewusstsein zu verblassen, dass jedes sittliche Subjekt in der Pflicht steht, im Rahmen der eigenen Möglichkeiten für die eigene Existenz und darüber hinaus für die soziale Absicherung Sorge zu tragen. Nur so können aber auf Dauer stabile soziale Strukturen erwachsen, die allen Mitgliedern einer Sozialgemeinschaft im Bedarfsfall eine angemessene und nachhaltige Unterstützung zukommen lassen.

Aus ethischer Sicht bedarf es daher einer vorausgehenden, grundlegenden kritisch-reflektierten Bewertung von Eigentum im Kontext individueller und sozialer Verantwortung. Erst auf dieser Basis ist überhaupt ein Diskurs über konkrete Verteilungskonzepte und Zugangsberechtigungen zu sozialen Leistungen sinnvoll, der ethisch nachhaltig und belastbar ist. Doch was meint der Begriff Eigentum eigentlich?

1.2 Begriffsbestimmung „Eigentum"

1.2.1 Eigentum – ein Freiheitsrecht

So manch einer erinnert sich sicherlich noch an den prägnanten Werbeclip jener Bank, deren Logo ein rotes S ziert: Zwei Bekannte treffen sich in einem Café nach langer Zeit wieder. Die Freude ist groß und schnell kommt das Gespräch auf die Frage, was man in der Zwischenzeit so alles erreicht habe. Aus dem freundlichen Geplänkel wird schnell ein Wettstreit um die größere Erfolgsgeschichte, bei dem die jeweiligen Errungenschaften ähnlich einem Quartettspiel miteinander verglichen werden: Mein Haus, mein Auto, mein Boot.

Die „Moral von der Geschicht" ist schnell erzählt: Eigentum ist Trumpf! Je mehr davon, umso besser, will uns die Werbung glauben machen.

Aber ist die Welt wirklich so einfach? Wer viel hat, ist ein Gewinner und wer wenig besitzt, letztlich Verlierer. Wird hier

aus dem philosophischen Axiom: „Ich denke – also bin ich"
schlicht eine materialistische Neubewerbung: „Ich habe – also
bin ich"?

Zur Klärung dieser Frage muss zunächst einmal im Sinne
einer Begriffsbestimmung festgehalten werden:

Eigentum umfasst die rechtliche Verfügungsmacht über materielle und immaterielle Güter. Es berechtigt den Eigentümer,
„prinzipiell frei – d. h. innerhalb gesetzlicher Schranken – über
sein Eigentum bestimmen zu können. Eigentumsrechte umfassen die Entscheidungsgewalt über den Umgang mit Dingen, insbesondere im Hinblick auf Nutzung, Ver- und Abänderung,
Übertragung sowie den Ausschluss von Dritten von diesem Umgang."[8] Dies beinhaltet ebenso die Möglichkeit zur Veräuße-
rung wie den Gebrauch der mit dem Eigentum verbundenen
Ertragsgüter. Mit Ausnahme einiger kommunistischer und so-
zialistischer Sichtweisen wird die individuelle Arbeitsleistung[9]
als konstituierende und legitime Größe für den Erwerb von Eigentum angesehen. Vererbung, Schenkung und Gewinn sind neben Erwerb weitere legitime Formen der Aneignung. Ethisch
relevant sind neben der Art des Eigentums (z. B. des Besitzes
strategischer Ressourcen wie Wasser, seltene Erden etc.) der
Umfang des Eigentums und die Reichweite von Eigentumsrechten. Enge Grenzen von Eigentumsrechten, so etwa bei Jean-
Jacques Rousseau (1712–1778), werden vor dem Hintergrund
möglicher Destabilisierungen der sozialen Ordnung eingefor-
dert.[10] Vertreter von weitgefassten Eigentumsrechten, so etwa
Adam Smith (1723–1790), betonen deren Bedeutung für den
Wohlstand einer modernen Gesellschaft und die damit verbun-

---

[8] Lin-Hi, Nick, Eigentum, in: Aßländer, Michael S. (Hg.), Handbuch Wirtschaftsethik, Stuttgart 2011, 404–406, hier: 404.

[9] Vgl. Locke, John, Zwei Abhandlungen über die Regierung [1690], Frankfurt
a.M. ⁵1992.

[10] Vgl. Rousseau, Jean-Jacques, Abhandlung über den Ursprung und die
Grundlagen der Ungleichheit unter den Menschen [1755], Ditzingen 1998.

denen Anreize und Wachstumsimpulse.[11] Die Konstituierung
von Eigentum sowie der notwendige Schutz desselben bedarf
gesellschaftspolitischer Entscheidungen zur Ordnung individueller und sozialer Interessen. Die hier verfolgte ethische Legitimierung einer weiten Auffassung von Eigentum gründet in der
Anerkennung von Eigentumsrechten als notwendige Vorausset-
zung zur Realisierung individueller Freiheit (vgl. hierzu auch
Art. 17 der Allgemeinen Erklärung der Menschenrechte).[12] Der
Schutz des Eigentums entspringt jedoch nicht nur persönlichen
Interessen, sondern entfaltet als Vertragswerk gegenseitiger
Achtung auch eine soziale Dimension. Diese übersteigt einen
unmittelbar reziproken Geltungsrahmen. Mit dem Schutz des
Eigentums verbinden sich Anreize, die neben der persönlichen
Existenzabsicherung auch eine Zukunftsorientierung und die
Bereitschaft für weiterführende Investitionen umfassen, was
das Eigentum folglich als konstituierendes Element der Wirtschaftsordnung qualifiziert. Spezifische Eigentumsformen wie
‚Unternehmen‘, die als „korporative Akteure dominante Sub-
jekte in der Marktwirtschaft darstellen – stehen im Dienste der
gesellschaftlichen Zusammenarbeit zum gegenseitigen Vor-
teil"[13]. Auf diese rechtlich wie ethisch eigenständig zu behan-
delnden sozialgesellschaftlichen Größen sei an dieser Stelle lediglich hingewiesen, insofern die anzustellenden Überlegungen
vorrangig die Bestimmung des materiellen Privateigentums
und den Umfang einer möglichen Sozialpflichtigkeit behandeln.[14] Um ein dauerhaftes und verlässliches Zusammenleben
in der Gesellschaft zu ermöglichen, bedarf es geeigneter Krite-

---

[11] Smith, Adam, An Inquiry into the Nature and Causes of the Wealth of Nati-
ons [1776], Oxford 1993.

[12] http://www.un.org/depts/german/menschenrechte/aemr.pdf [zuletzt abgerufen am 05.08.2019].

[13] Lin-Hi, Nick, Eine Theorie der Unternehmensverantwortung. Die Verknüpfung von Gewinnerzielung und gesellschaftlichen Interessen, Berlin 2009.

[14] An dieser Stelle sei ausdrücklich angemerkt, dass nicht jedes Eigentum der
Sozialpflichtigkeit unterliegt.

rien, die dafür Sorge tragen, dass Eigentumsrechte nicht zu Lasten Dritter oder der Sozialgemeinschaft Anwendung finden. Die Kriterien Individual- und Gemeinwohl leisten hierzu einen zentralen Beitrag.

1.2.2 Individualwohl und Gemeinwohl

Die Begriffe Individualwohl und Gemeinwohl verbindet der zielorientierte Gebrauch eines Gutes, wobei das Wohl in beiden Fällen einen lebensförderlichen Handlungsinhalt umfasst, dessen funktionale Ausrichtung entweder das Individuum oder die Gemeinschaft als Bedarfsträger im Blick hat.

Das Individualwohl berücksichtigt die Geschicke des Individuums als sittliche Person. Das Individuum wird dabei nicht nur im biologischen Sinne als konkretes Exemplar einer Spezies[15] oder Gattung[16] gesehen, sondern als einzigartiges Lebewesen, das zu Selbstbewusstsein fähig ist und in personalen Vollzügen (z. B. durch Sprach- und Beziehungsfähigkeit) seine Identität vernunfthaft aktuiert. Individualwohl umfasst das persönliche Sorgetragen für die eigenen Belange im Wissen und Anerkennen der eigenen Bedürfnisgestalt und deren sozialer Verwiesenheit. In der Spannung von Selbststand und Bezogenheit[17] realisiert das Individuum als sittliches Subjekt seine existenziellen Vollzüge, wobei es sich eigener Möglichkeiten sowie der Unterstützung des sozialen Umfeldes (Familie, Freunde, Arbeitsplatz) bedient. Das Individualwohl ist keinesfalls Ausdruck eines ausschließlich selbstreferenziellen Strebens zur Befriedigung der eigenen Bedürfnisgestalt. Es dient ferner als Kriterium einer stellvertretenden Fürsorge, insofern das Individual-

---

[15] Spezies bezeichnet die Grundeinheit der biologischen Systematik (Art).

[16] Die Gattung ist eine Rangstufe innerhalb der Hierarchie der biologischen Systematik. Sie steht oberhalb der Art und unterhalb der Familie.

[17] Vgl. hierzu Proft, Ingo, Heilung und Heil in Begegnung, Freiburg i. Br. 2010, 104–109.

wohl einer anderen Person als Ausdruck von Empathie zumindest zeitweise zum handlungsleitenden Regulativ eigener Tätigkeiten wird (Stichwort: soziale Fürsorge). Dies umfasst Aufgaben des unmittelbaren sozialen Nahraums und der generationalen Fürsorge (beispielsweise die Versorgung und Erziehung von Kindern oder die Pflege alter und kranker Familienangehöriger)[18] wie auch spezifische sozialgesellschaftliche und berufliche Dienstleistungen (von der Nachbarschaftshilfe bis hin zur professionellen Pflege). Das Individualwohl hat damit auch eine konstitutive Funktion für das Gemeinwohl.

„In unterschiedlichen Bedeutungsvarianten meint ‚Gemeinwohl' das Wohl einer Gemeinschaft und das damit verschränkte Wohl ihrer Glieder, die Personen oder soziale (Teil-)Gebilde sein können. Das Gemeinwohl fungiert als Zweck der Gemeinschaftsbildung, da die soziale Kooperation das Einzelwohl der Glieder erhöht, das seinerseits am Gemeinwohl teilhat und es realisiert."[19] Als normatives Ideal dient das Gemeinwohl programmatisch der Bildung und Legitimierung einer Sozialordnung.

Als *inklusive* Größe impliziert Gemeinwohl normativ die ideellen und materialen Gehalte des Wohls einer Gemeinschaft; d. h. der Verständigung über die tragenden Fundamente einer Gemeinschaft und ihrer Ausstattung, beispielsweise den Inhalt und den Umfang sozialer Sicherungssysteme. Als *exklusive* Größe bestimmt der Gemeinwohlbegriff den organisatorischen Aufwand zur Umsetzung und strukturellen Ausgestaltung definierter Inhalte in Form von Institutionen und Organisationen.

Oswald von Nell-Breuning spricht dem Gemeinwohl eine besondere Ausrichtung auf die Mitglieder einer sozialen Gemeinschaft zu. Er bestimmt Gemeinwohl als jenen guten „Befund

---

[18] Vgl. hierzu auch die Analogie zur Brutpflege im Tierreich.
[19] Anzenbacher, Arno, Art. Gemeinwohl, in: Kolmer, Petra; Wildfeuer, Armin G., Neues Handbuch philosophischer Grundbegriffe, Bd. 1 Absicht-Gemeinwohl, Freiburg i. Br. 2011, 919–931, hier: 919.

oder Zustand eines gesellschaftlichen Gebildes oder Gemeinwesens kraft dessen es imstande ist, seinen Gliedern zu helfen, zu erleichtern oder überhaupt zu ermöglichen, durch ihre eigenen Anstrengungen das, was sie erstreben, [...] zu erreichen."[20] Gemeinwohl wird hier als eine soziale Existenzsicherung verstanden, auf die sowohl der Einzelne wie auch die Gemeinschaft angewiesen sind, um Fähigkeiten und Engagement zielführend für ein gelingendes Leben einzusetzen. Das Gemeinwohl wirkt dabei bündelnd für die Anstrengungen des Einzelnen, zugleich aber auch regulierend und unterstützend. Es ist ein notwendiges und korrektives Gegenüber zum Individualwohl wie auch eine eigene Wertgröße zur Bestimmung sozialer Wirklichkeit, auf die hin konkrete sittliche Fragestellungen bezogen und abgewogen werden wollen. In einem Beispiel formuliert: Die Eltern lehren uns das Sprechen, Lehrer das Schreiben und das Studium den Umgang mit Literatur – schreiben und erst recht vortragen muss der Referent seinen Artikel jedoch selbst! Folgerichtig sind Individualwohl und Gemeinwohl als korrelierende Kriterien zu verstehen, die ethische Entscheidungen weder ausschließlich der sittlichen Selbstbestimmung des Einzelnen überantworten noch allein auf eine sich selbst regulierende anonyme soziale (Markt-)Macht[21] rekurrieren. Sie verbinden vielmehr objektive und subjektive Wertsetzungen – Pflicht und Verantwortung.

1.2.3 Pflicht und Verantwortung

Der Begriff der Pflicht weiß sich bestimmt vom Gedanken der Fürsorge und der Obhut, der Verbindlichkeit und der daraus erwachsenen sittlichen Gewohnheit. Pflichten regeln das gebührende Verhalten und Handeln nach sittlichen und sozialen

---

[20] Nell-Breuning, Oswald von, Gerechtigkeit und Freiheit. Grundzüge katholischer Soziallehre, Wien 1980, 34.
[21] Vgl. hierzu Wilhelms, Günter, Christliche Sozialethik, Paderborn 2010, 146.

Normstandards. Orientiert man sich am klassischen Verständnis der Pflicht, wie dieses in Ciceros „De officiis" seine Grundlegung erfährt,[22] so wird deutlich, dass Pflichtenethik und Tugendethik keine Gegensätze darstellen. Friedo Ricken hält hierzu fest: „Pflichten werden aus den Tugenden abgeleitet; Tugenden sind Haltungen, und Pflichten sind Handlungen, die sich aus diesen Haltungen ergeben."[23] Versteht man die Pflicht als eine (Ver)Bindung, die sich in der zwischenmenschlichen Beziehung ergibt, so umfasst dies einen Austauschprozess, der, wie es Cicero formuliert, nicht nur Wohltaten, d. h. Güter und Leistungen betrifft, sondern auch vernunftbegründet unterschiedliche Grade aufweist. Die klassische Unterscheidung theologischer Ethik, wonach ein Verbot mehr verpflichtet als ein Gebot, die Verpflichtung jemandem nicht zu schaden grundlegender ist als die Verpflichtung jemandem Gutes zu tun, lässt auch in der Frage nach dem Eigentum und dessen Sozialpflichtigkeit die Notwendigkeit einer differenzierten Betrachtung erkennen. Das Verständnis der Pflicht nach Immanuel Kant hilft in diesem Kontext nur bedingt. Wird die Pflicht in einer Vernunfterkenntnis und in der Gültigkeit des sittlichen Erkennens zwar deskriptiv in der *Grundlegung zur Metaphysik der Sitten*[24] erschlossen und darüber hinaus in der *Kritik der praktischen Vernunft* als Ausdruck der sittlichen Gesetze bestimmt, so bleibt sie dennoch zunächst relativ deutungsoffen. So hält Kant fest: „was Pflicht sei [...] bietet sich jedermann von selbst dar."[25] Die Pflicht sei Aus-

---

[22] Vgl. hierzu die Ausführungen von Ricken, Friedo, Pflicht/Verpflichtung, in: Kolmer, Petra; Wildfeuer, Armin G., Neues Handbuch philosophischer Grundbegriffe, Bd. 2 Gerechtigkeit – Praxis, 1738–1753, hier: 1739.

[23] Ricken, Friedo, Art. Pflicht, 1742.

[24] Kant hält fest, dass die „Notwendigkeit meiner Handlungen aus reiner Achtung fürs praktische Gesetz dasjenige sei, was die Pflicht ausmacht" (GMS 400, 18). Vgl.: https://korpora.zim.uni-duisburg-essen.de/kant/aa04/400.html [zuletzt abgerufen am 05.08.2019].

[25] Kant, Immanuel, Grundlegung zur Metaphysik der Sitten, Akademie Ausgabe, Bd. IV (Nachdruck der Ausgabe von 1903), Berlin/New York 1968, AA V, 36.

druck des guten Willens und habe einen moralischen Charakter, insofern „nämlich daß [.../das sittliche Subjekt] wohltue, nicht aus Neigung, sondern aus Pflicht"[26]. Muss der Diskurs über die Vereinbarkeit von Pflicht und Neigung im Kontext einer sittlichen Handlung an anderer Stelle geführt werden,[27] so lässt sich doch das Motiv des Pflichtgefühls (sense of duty) und der Anspruch einer Objektivierbarkeit ausmachen. Zur ethischen Legitimierung einer Handlung reicht jedoch nicht allein ein sittlich gutes Motiv aus. Neben die sittliche Gutheit treten nach Bruno Schüller auch die sittliche Richtigkeit und die sachliche Richtigkeit.[28]

Diese werden besonders in einer Verantwortungsethik berücksichtigt, die im Gegenüber zu einer deontologisch verorteten Pflichtenethik stärker teleologisch ausgerichtet ist.

Verantwortung weiß um das Wechselspiel von Individuum und Gesellschaft. Sie ist neben der persönlichen Verfasstheit, einem sittlichen Anspruch Rechnung zu tragen, zugleich auch strukturell auf die Ermöglichung einer dem ergehenden Anspruch entsprechenden Antwort verwiesen. Der Verantwortungsbegriff spiegelt nach Günter Wilhelms die grundlegende „Strukturproblematik der modernen Gesellschaft"[29]. Hierin konkretisiere sich die Frage, was von der Sittlichkeit des Menschen überhaupt noch erwartet werden darf. Je schwieriger es heute fällt, Ursache und Wirkung in einem multikausalen Handlungsgeflecht einander zuzuordnen, umso weniger scheint Sittlichkeit als ethisch gebotenes Verhalten sich selbst und dem Nächsten gegenüber verpflichtend oder gar einforderbar. Dabei erschöpft sich eine sittliche Verantwortung jedoch nicht allein in der Erfüllung berechtigter Erwartungen. Vielmehr geht mit

---

[26] Ebd., 398f.

[27] Vgl. hierzu die Ausführungen von Ricken, Friedo, Art. Pflicht/Verpflichtung, bes. 1746f.

[28] Vgl. Fn. 4.

[29] Wilhelms, Günter, Christliche Sozialethik, Paderborn 2010, 116.

Verantwortung immer auch ein sittlicher Anspruch einher, den das Subjekt, unabhängig von objektiven Pflichten bzw. ersichtlicher Notwendigkeiten, an sich selbst richtet. Dies betrifft für den Umgang mit Eigentum nicht nur die Art und den Umfang des Gebrauchs, sondern viel grundlegender das Verständnis von Eigentum als materielles, sozialpflichtiges Gut. Ein kurzer Abriss zur „Geschichte des Eigentums" macht deutlich, dass die vermeintlich moderne Frage zum Umgang mit Eigentum und dessen Sozialpflichtigkeit keinesfalls erst ein „Problem" unserer Tage ist, sondern ein menschliches Grundphänomen darstellt.

1.3 Eigentum und Sozialpflichtigkeit – ein historischer Aufriss

Zu den ältesten Zeugnissen, die sich mit dem Eigentumsrecht befassen, zählen Ausschnitte aus dem Codex Hammurabi, der etwa im 18. vorchristlichen Jahrhundert von den rechtlichen Bestimmungen im babylonischen Reich berichtet. Eigentum wird hier unter Schutz gestellt, Raub und Diebstahl mit strengen Strafen versehen.[30] Sachkriterien, z. B. Form und Umfang eines Deliktes, stehen im Vordergrund. Eine personale ethische Dimension, die Kriterien wie Individual- oder Gemeinwohl anführt, fehlt. Entsprechend fehlen auch eine Differenzierung im Fall von Verstößen, die sich an der situativen Ausgangslage bemisst, bzw. personale Kriterien im Sinne der persönlichen Lebenssituation (Mundraub ist ethisch anders zu bewerten als eine persönliche Bereicherung etwa durch Betrug oder Vorteilsnahme). Eine erste kontextuelle Sensibilität für die Bemessung eines sach- und personengerechten Umgangs mit Eigentum findet sich im Alten Testament.

---

[30] Vgl. Müller, Heinrich, Die Gesetze Hammurabis und ihr Verhältnis zur mosaischen Gesetzgebung sowie zu den XII Tafeln, Text in Umschrift, deutsche und hebräische Übersetzung, Erläuterung und vergleichende Analyse, Wien 1903, 14, §§ 21f.

1.3.1 Altes Testament

Ein Novum, im Vergleich zu den bestehenden soziokulturellen Vorgaben, stellt das alttestamentliche Eigentumsrecht dar. Für die Israeliten bestand, wie auch für zahlreiche andere Nomadenstämme, das Eigentum vor allem im Viehbestand (vgl. 1 Sam 25,2). Mit dem biblischen Begriff der „Landnahme Israels"[31] gewinnt für einen lockeren Verbund von Nomadenstämmen der Boden eine wichtige Bedeutung als Besitzgut. In einem über Generationen andauernden Prozess entwickelt sich nicht nur die Identität Israels als auserwähltes Volk, als Sondereigentum Jahwes (Ex 19,5, Dtn 7,6; 14,2 u. a.), sondern auch das Verhältnis zur Umwelt, zu Land und Eigentum. Mit Gott als Schöpfer allen Seins und als Eigentümer der Welt (1 Chr 29,11) erfährt sich das Volk Israel als Lehensnehmer (Jes 22,19; Lev 15,23). Eigentumsrecht besteht im Sinne eines Nießbrauchrechts. Der Fokus liegt nicht auf dem Individuum, sondern dem Sippenverband. Regeln zum Schutz des Eigentums, wie sie sich in den Geboten des Dekalogs[32] (Ex 20,2–17; Dtn 5,6–21) finden, haben den Schutz der Eigentumsverhältnisse des Sippenverbandes im Blick. Das zeigt sich an Vorgaben „Erbgut" nicht zu verkaufen oder aufzuteilen (Neh 27,7–10), sondern zu erhalten und an die nächste Generation weiterzugeben. Ferner werden Bestimmungen erlassen, wirtschaftliche Verluste und soziale Verelendung durch Solidarität im Sippenverband (Lev 24,25)[33] zu verhindern. Alle sieben Jahre wird ein Sabbatjahr ausgerufen, aus einem agrarischen Brachjahr wird ein soziales

---

[31] Eine kurze thematische Zusammenfassung hierzu bietet: Fritz, Volkmar, Die Entstehung Israels im 12. und 11. Jahrhundert v. Chr. [Biblische Enzyklopädie 2], Stuttgart 1996.

[32] Besonders ist hierzu auf das siebte, dass neunte und das zehnte Gebot hinzuweisen.

[33] „Wenn dein Bruder verarmt und etwas von seinem Grundbesitz verkauft, soll sein Verwandter als Löser für ihn eintreten und den verkauften Boden seines Bruders auslösen" (Lev 24,25).

Erlassjahr. Das Jubeljahr (Lev 25,8–55) stellt zudem (alle 50 Jahre) die alten Besitzverhältnisse wieder her und will damit dauerhafte wirtschaftliche Abhängigkeiten und Schuldsklaverei verhindern. Damit kann als erstes Kennzeichen einer Sozialpflichtigkeit von Eigentum im AT festgehalten werden: Das Eigentumsrecht im AT weist neben positiven Einzelrechten auch eine Vielzahl von Pflichten aus. Exemplarisch wurde bereits auf das Sabbatjahr und das Jubeljahr verwiesen. Gleiches gilt für die Zehntabgabe an das Heiligtum, die Erstlingsgabe, Opfermahlzeiten, Zins- bzw. Pfandverbote, um nur einige zu nennen. Darin kommt einerseits die Eigentümerschaft Jahwes, andererseits der Dank an Jahwe für die Nutzung der jeweiligen Güter und damit eine Relativierung des Besitzverhältnisses als Relation und gerade eben nicht als „Rechtsanspruch" zum Ausdruck.[34]

1.3.2 Neues Testament

Im Alten Testament wird das Thema Eigentum grundsätzlich positiv behandelt, so gilt ein großer Besitz verbunden mit einem langen Leben und vielen Nachkommen als Zeichen göttlicher Zuwendung. Will man im Neuen Testament die Aussagen Jesu zur Eigentumsfrage richtig einordnen, so müssen diese im Rahmen der Verkündigung und des Hereinbrechens des Reiches Gottes gelesen werden. Mit Jesus Christus beginnt die endgültige Heilszeit, die eine Umkehr und eine ganzheitliche Hinwendung zur Botschaft des Evangeliums einfordert. Entsprechend programmatisch fällt auch die Forderung Jesu in Mt 6,33 aus: „Euch aber muss es zuerst um sein Reich und um seine Gerechtigkeit gehen; dann wird euch alles andere dazugegeben."[35]

---

[34] Zur Zehntabgabe vgl. Lev 27,30–33, Dtn 14,22–29; 26,12–15; für die Opfermahlzeiten Dtn 12,17; für die Erstlingsgabe Lev 23,9–14; für das Pfandverbot Dtn 24,6.

[35] Mit dem Vorrang der Gottesherrschaft verbindet sich eine eigentumskritische Sichtweise, die jedoch weniger dem Eigentum als solches, sondern der latenten

Dies verlangt nach einem radikalen Umdenken, nicht bloß punktuell nach dem Umsturz bestehender Besitzverhältnisse, sondern versteht sich im Sinne einer ganzheitlichen Hinwendung zu der in Christus angebrochenen Heilswirklichkeit Gottes. Der kritische Umgang mit Eigentum hebt jedoch nicht dessen sinnvolle Verwendung auf. Eigentum behält im NT grundlegend seine Berechtigung etwa hinsichtlich einer wohltätigen und sozialen Verwendung. Eigentum dient weiterhin der Existenzsicherung (1 Thess 2,9).[36] Zeugnisse von Gütergemeinschaft (Apg 4,34–37) vermitteln zudem sittliche Ideale, bedürfen aber angesichts der Parusieerwartung einer kontextspezifischen Auslegung. Die Aussagen der Heiligen Schrift zum Eigentum sind dabei keinesfalls einheitlich. Drei ethische Inhalte gilt es festzuhalten.[37]

1. Der christliche Eigentumsbegriff ist durch die Idee der Gemeinschaft und der gegenseitigen Pflicht zu Nächstenliebe und Rücksichtnahme gekennzeichnet.
2. Der Erwerb von Eigentum muss ehrlich und gerecht sein, der Gebrauch maßvoll.
3. Eigentum erfüllt keinen Selbstzweck, sondern dient der eigenen Existenzsicherung sowie der Versorgung Bedürftiger im sozialen Umfeld.

Gefahr einer egoistischen Selbstsucht entgegentritt. Besitz nimmt in Beschlag und vermag von Gott und den Mitmenschen abzulenken. Das Bildwort vom Kamel, das eher durch ein Nadelöhr gehe, als dass ein Reicher in das Himmelreich komme (Mk 10,25), ist ebenso richtungsweisend wie auslegungsbedürftig. Die Kritik Jesu bezieht sich auf eine innerlich verkehrte Einstellung zum Besitz, womit er als Anwalt für die Armen und Entrechteten eindeutig Kritik an ungerechten Besitzverhältnissen einschließt.

[36] Vgl. hierzu das Bekenntnis des Apostels Paulus: „Ihr erinnert euch, Brüder, wie wir uns gemüht und geplagt haben. Bei Tag und Nacht haben wir gearbeitet, um keinem von euch zur Last zu fallen" (Gal 6,10; vgl. auch 2 Kor 12,14).

[37] Vgl. hierzu die Ausführungen von Schilling, Otto, Reichtum und Eigentum in der altkirchlichen Literatur. Ein Beitrag zur sozialen Frage, Freiburg i. Br. 1908, 18f.

1.3.3 Griechische und römische Antike

Lenkt man den Blick über die umgebende Lebenswelt der griechischen und römischen Antike, so wird deutlich: Nicht nur im Judentum und in der Urkirche finden sich Ansätze zur Sozialpflichtigkeit des Eigentums. Die griechische Antike wendet sich der Eigentumsfrage[38] besonders hinsichtlich des sozialen Friedens zu. Dabei ragen die umfangreichen Reflexionen des Aristoteles im zweiten Buch der Politik hervor. Gegen Platon, der ein Privateigentum in einem idealen Staat ablehnt,[39] hält Aristoteles fest, dass gemeinsamer Besitz zu Spannungen und Streit hinsichtlich dessen Verwendung führen könne, wobei Privateigentum Zufriedenheit und persönliches Engagement zu dessen sachgemäßem Gebrauch fördere.[40] Mehr noch, Privateigentum ermögliche letztlich erst ein sittliches Handeln, und mit einem gewissen Schalk fügt er hinzu: „Bei Gemeineigentum könne einer ja gar nicht beweisen, daß [...er/I.P.] freigebig ist."[41] Zwar äußert Aristoteles auch Überlegungen zu einer Gleichheit im Besitz, relativiert diese aber mit den Kriterien von Leistungsgerechtigkeit und sozialem Frieden.[42] Eine ideale Staatsform erscheint ihm danach eine Verbindung von gemeinschaftlichem Besitz und Privateigentum.[43] Damit übersteigt er

---

[38] Vgl. etwa die von Solon zu Beginn des sechsten Jahrhunderts vor Chr. erlassenen Gesetze, die einen Landerwerb nur bis zu einer bestimmten Größe zuließen sowie auch den Verkauf von Gütern regelten.

[39] Vgl. hierzu auch die prägnante historische Zusammenschau von Goertz, Hans-Jürgen, Art. Eigentum (vom Mittelalter bis zur Gegenwart), in: Theologische Realenzyklopädie, Bd. IX, Berlin und New York 1982, 446–456.

[40] Aristoteles, Politik, 1262b.

[41] Aristoteles, Politik 1263 b. Vgl. hierzu auch Lau, Ludwig, Die Sozialpflichtigkeit des Eigentums (Studien zur Theologie und Praxis der Caritas und Sozialen Pastoral; 8), Würzburg 1997, 25.

[42] Aristoteles, Politik 1267 a 40.

[43] „In gewisser Weise muss nämlich der Besitz der Allgemeinheit gehören, aufs Ganze gesehen aber jeweils dem Einzelnen. Denn wenn die Sorge um den Besitz jeweils einzelnen vorbehalten ist, wird dies nicht gegenseitige Vorwürfe pro-

die platonische Idiopragieformel, insofern er das klassische „suum cuique" (jedem das Seine) um das Kriterium des Maß-haltens erweitert. Neben eine arithmetische oder bestenfalls bedarfsorientierte Verteilungsgerechtigkeit tritt das Kriterium der Verhältnismäßigkeit, das eine gestufte Leistungsbemessung, und damit auch unterschiedliche Eigentumsverhältnisse, zu-lässt. Nicht eigens unter der Perspektive sittlicher bzw. sozialer Verantwortung reflektiert, hält er zumindest eine Obergrenze hinsichtlich des Besitzstandes für möglich. Das konkretisiert sich in der ethischen Weisung: „Vielleicht die beste Norm ist die, keinen Überfluss an Reichtum zu besitzen."[44]

Neben dem griechischen weist auch das römische Rechtsver-ständnis eine ausgeprägte Auseinandersetzung mit eigentums-rechtlichen Fragen auf. Waren das alttestamentliche Eigentums-verständnis stark durch die primäre Eigentümerschaft Jahwes sowie die Ausführungen des Neuen Testaments durch die βασιλεία του θεοῦ geprägt, so ist dem römischen Privatrecht in der Fassung des Codex Justinianus[45] ein differenziertes Eigen-tumsrecht eigen. „Als Eigentumsrecht bezeichnet das justinia-nische Recht das umfassendste private Recht, das man an einer Sache haben kann",[46] dies schließt den Erwerb, den Nutzen so-wie den Ge- und Verbrauch desselben ein. Besitzstandserweite-rung und Besitzstandswahrung sind die leitenden Prinzipien. Doch hat das Eigentum auch seine Grenze, so darf es nicht zum Schaden der Allgemeinheit missbraucht werden. Auch gibt es Eigentumsbeschränkungen aus sozialen Gründen, wo-

---

vozieren; die Sorge um den Besitz wird so eher gesteigert, weil nun jeder einzelne sich seinem Eigentum widmet." Aristoteles, Politik 1263 a 25.

[44] Aristoteles, Politik 1267 a 30.

[45] Der Codex Iustinianus ist einer von vier Teilen des später so bezeichneten Corpus Iuris Civilis. Die Gesetzessammlung wurde vom römischen Kaiser Justi-nian am 13. Februar 528 in Auftrag gegeben.

[46] Apathy, Peter; Klingenberg, Georg; Pennitz, Martin (Hg.), Einführung in das römische Recht, Köln-Weimar-Wien ⁶2016, 107.

rauf das Amt des Zensors und das 12-Tafel-Gesetz verweisen. Das Amt des Zensors dient der Sittenaufsicht bei Erwerb und Verkauf, aber auch bei der Nutzung von Gütern und sollte einer Misswirtschaft gezielt vorbeugen. Die Sozialpflichtigkeit von Eigentum wird u. a. im 12-Tafel-Gesetz[47] behandelt, wobei hier Gemeinwohl und öffentliche Ordnung entscheidenden Einfluss auf den Gebrauch des Eigentums ausübten. Eine hochdifferenzierte Rechtssprache verfolgt Rechtssicherheit,[48] ethische Belange finden im Interesse des „bonum commune" Berücksichtigung, wobei das sittliche Verhalten von Privatpersonen im Umgang mit Eigentum eher nachrangig bleibt. Damit wird der Blick aus der römischen Umwelt auf die Situation der frühen Kirche und deren Umgang mit Eigentum gelenkt.

1.3.4 Die frühe Kirche

Der frühen Kirche eine scharfe Abgrenzung von arm und reich oder gar eine einseitige Ablehnung von Wohlstand und Besitz zusprechen zu wollen, wäre nicht nur eine Verkürzung, sondern zugleich auch eine verfälschende Darstellung. Vielmehr zieht sich durch die Geschichte des jungen Christentums eine Linie, die getragen ist vom ethischen Anspruch einer nachhaltig verantworteten Verwaltung und Nutzung von Eigentum. Im Lukasevangelium findet sich die Forderung „Gib jedem, der dich

---

[47] Das 12-Tafel-Gesetz ist eine um 450 v. Chr. in Rom entstandene Gesetzessammlung, die in zwölf bronzenen Tafeln auf dem Forum Romanum ausgestellt war, Höhepunkt der Auseinandersetzungen zwischen Patriziern und Plebejern in der Römischen Republik.

[48] Hinsichtlich der Steuergesetzgebung ist darauf hinzuweisen, dass die Besteuerung aus ethischer Sicht verschiedene Formen sozialer Ungerechtigkeit aufweist. Der Einzug von Steuern konnte verpachtet werden, was private Interessen und Gewinnmaximierung auf Seiten der Verpächter schürte. Ebenso oblag es der Gemeindeleitung, die für eine Gemeinde festgesetzten Steuern auf die Einwohner „nach Maßgabe der Gesetze" zu verteilen, was nicht selten zu einer besonderen Belastung der sozial Schwächeren führte, vgl. Lau, Ludwig, Die Sozialpflichtigkeit des Eigentums, 29, Fn 69.

bittet" (Lk 6,30). Die Zwölfapostellehre, die Didache, greift diese Forderung sozialer Verantwortung auf: „Keinen [Be]Dürftigen weise ab, habe Gemeinschaft vielmehr in allem mit deinem Bruder und nenne nichts dein Eigen"[49]. Zugleich finden sich hier Hinweise zum Schutz vor Missbrauch und zur Eigenverantwortung: So soll darauf geachtet werden, dass „zuziehende Christen durch Arbeit sich ihr Brot verdienen, wollen sie das nicht, so solle man sich vor ihnen hüten"[50]. Soziale Verantwortung und Hilfeleistung sind also nicht grenzenlos, ein guter Christ ist kein weltfremder Illusionist, der frohen Herzens darauf wartet, von anderen ausgenutzt zu werden. So gilt auch hier: Der Fürsorge ist immer auch eine Selbstsorge zur Seite gestellt. Der gute Gebrauch von Eigentum ist jedoch von Luxus und Überfluss zu unterscheiden.[51]

Clemens von Alexandrien (150–215 n. Chr.) befasst sich ausführlich mit der Stellung des Christentums zu Vermögen und Reichtum in einem Kommentar zu Mk 10,17–31.[52] Eigentum und Besitz sind nicht an und für sich tadelnswert, sondern Missbrauch und Habgier.[53] Der Umkehrschluss, der Mangel an

---

[49] Didache 4,8, zit. n.: Schilling, Otto, Reichtum und Eigentum, 20.

[50] Vgl. Didache 12,3. Vgl. http://www.englbauer.de/theol/download/texte/diddeut.html [zuletzt abgerufen am 05.08.2019].

[51] Schriften aus der Mitte des 2. Jahrhunderts geben Zeugnis von einer regen Auseinandersetzung mit dieser Frage, so der Hirt des Hermas, Zeugnisse des Iustinus (Iustinus, Apologiae Duae et dialogus cum Tryphone Judaeo) vgl. https://archive.org/details/bub_gb__06gJAfC39cC [zuletzt abgerufen am 05.08.2019] oder auch der Diognetbrief (1,15), vgl. http://ivv7srv15.uni-muenster.de/mnkg/pfnuer/diognet.html [zuletzt abgerufen am 05.08.2019], die im Erwerb und im Umgang mit Eigentum zur Mäßigung raten. In übermäßigem Besitz, der nicht selten mit einem Ungleichgewicht im Handel einhergeht, wird nicht nur die Gefahr eines sozialen Missstandes, sondern auch die einer Fixierung auf irdische Güter gesehen.

[52] Die Textstelle behandelt die Frage „Was muss ich tun, um in das Reich Gottes zu kommen?". Antwort Jesu: „Die Gebote erfüllen und den Besitz verkaufen", das Irdische hält uns von der Ausrichtung auf das Göttliche ab.

[53] So hält er fest: „Wer den weltlichen Reichtum von sich geworfen hat, der kann an Leidenschaften doch reich sein …", vgl. Clemens von Alexandrien, Quis dives salvetur 15,2.4.

Besitz sei gleichsam als sittliche Qualifikation auf der Haben-
seite zu verbuchen, müsse vermieden werden.[54]

Origenes (185–254 n. Chr.) wendet sich in seinen Ausführungen über Eigentum und Besitzstand gegen ein schicksalshaftes
Verständnis von Arm und Reich und mahnt zugleich, das „Eine
führe zu Begehr, das Andere zu Selbstsicherheit". Er rät zur aristotelischen Mitte im Erwerb vom Eigentum, in der bekannterma-
ßen die Tugend[55] stehe. Er warnt zugleich aber auch hier davor,
das Leben dürfe nicht von einer ängstlichen Sorge um Güter bestimmt sein. Otto Schilling spricht Origenes insgesamt jedoch
eine positive Grundhaltung mit Blick auf das Eigentum zu und
stellt fest: „Das Eigentumsrecht selbst aber an dem ehrlich Er-
worbenen führt er [Origenes/I.P.] auf Gott zurück."[56]

Tertullian (150–220 n. Chr.) bewertet Eigentum vor allem
nach dessen Nutzen und seiner sinnhaften Verwendbarkeit.[57]
Ein bloßes Genussstreben lehnt er ab, weist zugleich aber auch
den Vorwurf, Christen seien hinsichtlich Besitz und Eigentum
kulturfeindlich, ab.[58] „Wir sind dessen stets eingedenk, dass

---

[54] Als Gegenüber zu Clemens kann auf den karthagischen Bischof Cyprian verwiesen werden, für den die Sozialpflichtigkeit des Eigentums keine Grenzen kennt.
Der Schwerpunkt seiner Argumentation liegt auf einem gemeinschaftlichen Besitz,
dem eine ausgeprägte Sorge für die eigene Versorgung und die der Familie sowie
das Anhäufen von Erbe entgegenstehen. Die Gaben Gottes seien für alle da und
rechtfertigten daher allein einen gemeinschaftlichen Gebrauch, vgl. Cyprian, De
opere et eleemosynis: „quodcumque enim Dei est in nostra usurpatione commune
est." („Was auch immer nämlich von Gott ist, das ist in unserer Besitznahme gemeinschaftlich.")
[55] Origenes betont die richtige Gesinnung in besonderer Weise; vgl. hierzu Mt
15,16–20.
[56] Schilling, Otto, Reichtum und Eigentum, 49; vgl. Origenes, Contra Celsum
8, 67.
[57] Vgl. hierzu z. B. Tertullian, De cultu feminarum 1,1.
[58] Gleichwohl finden sich bei Tertullian auch einseitige Lesarten, die zu einer
spirituellen Überhöhung der Armut neigen, vgl. Tertullian, Adversus Marcion
4,15. Tertullian versteht Gott als einen „Verächter der Reichen und Anwalt der
Armen" und legt Christus als Idealbild der Armut in den Mund, der die Armen
immer für gerecht erkläre und die Reichen verdamme, vgl. hierzu auch Tertulli-

wir Gott als Herrn und Schöpfer Dank schulden, und verschmähen keine der Früchte seiner Werke; allerdings zügeln wir uns, daß wir uns ihrer nicht über das Maß oder in verkehrter Weise bedienen."[59]

Versucht man die vielfältigen Überlegungen der christlichen Antike zur ethischen Bewertung und zum Umgang mit Besitz zu bündeln, so kann die Position des hl. Augustinus (354–430 n. Chr.) durchaus als theologische Summe bestimmt werden.[60] Sein Verständnis von Eigentum ist von den Prinzipien ‚iustitia' und ‚humanitas' bestimmt. In der *Gerechtigkeit* konkretisiert sich die bereits aus der griechischen Antike bekannte Norm, die jedem gibt, was ihm zusteht.[61] Hiermit verbindet sich eine doppelte Verpflichtung. Einerseits wird das Individuum vor seinem Gewissen verpflichtet, dem Anderen im wirtschaftlichen Sinne Gerechtigkeit zukommen zu lassen, auch wenn dies nicht vom Gesetz verlangt wird.[62] Andererseits richtet Augustinus die Forderung an den Staat, für das „irdische Wohl der Untertanen zu sorgen".[63] Der Gedanke der *Humanität*[64] betont einen tugendethischen Anspruch. Im Umgang mit Eigentum prägt Augustinus ein verantwortungsethisches Verständnis, das Besitz und Verzicht gleichermaßen zusammendenkt. Ihm geht es um eine rechte Gesinnung und einen ent-

---

an, De patientia, 7,2f., vgl.: http://www.tertullian.org/articles/kempten_bkv/bkv07_19_de_paenitentia.htm#C7 [zuletzt abgerufen am 05.08.2019].

[59] Zit. n.: Schilling, Otto, Reichtum und Eigentum, 57; vgl. Tertullian, Apol. c. 42. Mit Laktanz schließlich findet das Privateigentum „einen wissenschaftlichen, klassisch-gebildeten Verteidiger, Schilling, Otto, ebd., 79.

[60] Hieronymus steht in der klassischen Linie und führt insbesondere Argumente des Origenes und des Ambrosius fort. Grundlegend ist für ihn ein mäßiger Besitzstand und ein angemessener Gebrauch.

[61] Augustinus, Ep. 153, 6,20, vgl.: http://www.augustinus.it/latino/lettere/lettera_154_testo.htm [zuletzt abgerufen am 05.08.2019].

[62] Augustinus, Ep. 153, 6,25.

[63] Schilling, Otto, Reichtum und Eigentum, 166.

[64] Vgl. Augustinus, Ep. 155, vgl. http://www.augustinus.it/latino/lettere/lettera_156_testo.htm [zuletzt abgerufen am 05.08.2019].

sprechenden Gebrauch.[65] Besitz oder Reichtum sind nicht an sich tadelnswert, sondern erst der „ungerechte mammon".

1.3.5 Mittelalter

Wer dem Themenfeld Eigentum soziokulturell und auch rechtlich im Nachgang der Antike nachspürt, wird schnell erkennen: Die Eigentumsverhältnisse im Mittelalter sind im Vergleich zu den vorherigen Jahrhunderten nicht nur äußerst komplex und vielschichtig, sie sind auch keineswegs einheitlich. In vielfach unklaren, sich z.T. auflösenden bzw. neu entstehenden, regional hochgradig variierenden Rechtsstrukturen treffen römisches Rechtsdenken, germanische Rechtstradition und christliche Lehre aufeinander.[66]

Wegen der bis heute großen Relevanz für die Deutungsgeschichte im Kontext der katholischen Soziallehre soll hier lediglich kurz auf das Eigentumsverständnis des hl. Thomas von Aquin eingegangen werden.

Die bisherigen Ausführungen haben gezeigt: Der sinnhafte und sachgemäße Gebrauch, aber auch die Bereitschaft zum Opfer und zum freiwilligen Verzicht bestimmen den verantwortungsvollen Umgang mit Eigentum. Ein „uti" (ein Gebrauchen) und in Maßen auch ein „frui" (Genießen) sind ethisch verantwortbar. Die Rechtmäßigkeit zur Nutzung von Gütern

---

[65] Augustinus wird eine strenge Richtlinie zugeschrieben, wonach derjenige „jedes Recht auf Eigentum [verliere/I.P.], der es schlecht gebrauche". Lau, Ludwig, Die Sozialpflichtigkeit des Eigentums, 23; vgl. Augustinus in Joh. 6,25. Ob daraus eine kommunistische Eigentumsordnung in der Patristik abgeleitet werden kann, muss offen bleiben, wohl aber eine sozialreformatorische.

[66] Vgl. hierzu auch die nicht unerhebliche Unterscheidung über das rechtmäßige Zustandekommen einer christlichen Ehe, die römisches und germanisches Rechtsdenken miteinander verbindet in Form des „ratum et consumatum". Der Ehewille und der Vollzug bilden hier die beiden Grundpfeiler. Vgl. CIC 1983 can. 1061.

liegt in der Befriedigung leiblicher und geistiger Bedürfnisse begründet.[67]

Thomas von Aquin ordnet diese Überlegungen ein in ein umfassendes Verständnis, das Eigentum als Gabe versteht, die in Gott ihren Ursprung hat und in ihm auch ihr Ziel findet. Rechtlich sieht der Aquinate Eigentum als eine „naturgemäße Institution, ohne deshalb daneben bestehendes Gemeineigentum etwa ausschließen zu wollen."[68] Thomas versteht Eigentum als ein sachgemäßes Verfügen über ein zugeteiltes Gut, eine „natürliche Herrschaft" durch Vernunft und Wille über die von Gott dem Menschen in der Natur zugemessenen Gaben.[69] In der bekannten Questio 66 der II-II der Summa Theologiae konturiert Thomas ein relatives, d. h. bedingtes sowie ein relationales, d. h. ein sozialpflichtiges Recht auf Eigentum. Inhaltlich reflektiert er dabei die Eigentumsfrage im Kontext von Gerechtigkeit und Sünde.[70] In seinen Ausführungen über das Recht auf Eigentum stützt sich Thomas argumentativ auf das Effizienzargument, das als obersten Grundsatz den „usus communis" formuliert: Alle Menschen sollen an den Gütern der Welt teilhaben. Dieses Ziel werde im Sinne des Effizienzkriteriums am besten *erstens* durch Privateigentum erreicht, insofern das Eigeninteresse der einzelnen Personen einen effektiveren und sorgsameren Gebrauch der ihnen rechtlich zugeordneten Güter sichere,

---

[67] Vgl. Wilhelms, Günter, Christliche Sozialethik, 146.

[68] Schilling, Otto, Reichtum und Eigentum, 214. Im Gegenteil kann Thomas sogar eine „Einordnung" des Privateigentums in ein „ius gentium" zugesprochen werden, was im Sinne einer Teilhabe aller an den von Gott den Menschen zugeteilten Gütern und weniger als Unterordnung des Privateigentums unter das Gemeineigentum verstanden werden muss.

[69] Th. v. Aquin, S. th. II-II, q. 66, a1.

[70] Hier lässt sich gerade in der augustinischen Kennzeichnung der Sünde als „aversio a deo et conversio ad creaturam" eine Bewertung im Sinne der Strebensethik ausmachen, welches auch auf den Gebrauch/Missbrauch von Eigentum anzuwenden ist besonders mit Blick auf sittlich verwerfliches Verhalten im Sinne von Raub und Diebstahl, vgl. Th. v. Aquin, S. th. II-II q. 66. a3–a9.

als dies bei der gemeinschaftlichen Nutzung von Gütern der Fall wäre.[71] *Zweitens* bestehe im Falle einer gemeinsamen Verantwortung die Gefahr, sich aus Arbeitsscheu hinter die gemeinschaftliche Sorge zurückzuziehen. *Drittens* schaffe Eigentum eine höhere Zufriedenheit und helfe das friedliche Miteinander zu sichern. Thomas schlägt damit den Bogen zwischen einem aristotelischen Gerechtigkeitsverständnis und einer christlichen Tugendlehre und bereitet zugleich einem neuzeitlichen Eigentumsverständnis den Weg.

1.3.6 Neuzeit

Bis heute sind uns Namen wie das Handelshaus der Fugger oder auch Henry Ford als Begründer des Fließbandsystems vertraut. Vom Frühkapitalismus bis zur industriellen Revolution wird Eigentum – ob als Grundbesitz, Rohstoff oder Kapital – zur bestimmenden Größe des wirtschaftlichen und gesellschaftspolitischen Lebens. Geistesgrößen wie Thomas Morus (1478–1535) oder Thomas Hobbes (1588–1679) entwickeln Gedankengebäude einer idealstaatlichen Utopie mit Gemeinwohlorientierung[72] oder eines Gesellschaftsverbandes kultivierter Egoismen[73] und gehen damit der Frage nach, ob Privateigentum bereits im Naturzustand, einer „idealtypischen" vorgesellschaftlichen Form des Zusammenlebens, entstanden sei. John Locke (1632–1704) beantwortet diese Frage positiv, insofern er von der Erde als göttlichem Gut für alle Menschen ausgeht, die sich der Mensch durch Arbeit zu eigen macht. Er sieht aber in der Entwicklung der Geldwirtschaft eine zukunftsweisende Entgrenzung der natürlichen subsistenzbasierten Eigentumsordnung, zu deren Schutz der Staat

---

[71] Th. v. Aquin, S. th. II-II q. 66ff.
[72] 1516 erschien „Utopia", das Hauptwerk von Thomas Morus.
[73] Das Hauptwerk Thomas Hobbes nimmt die Grundthese „Homo homini lupus" zum Ausgangspunkt.

verpflichtet sei.[74] Jean-Jacques Rousseau (1712–1778) erkennt in der Ungleichverteilung von Eigentum einen Verstoß gegen das Naturrecht, was den Staat in Form eines Gesellschaftsvertrages in die Verantwortung rufe, die ursprüngliche Ordnung wiederherzustellen.[75] Für die deutschen Denker und Staatsphilosophen sei lediglich auf Georg Wilhelm Friedrich Hegel (1770–1831) verwiesen, der das Eigentumsrecht unmittelbar vom Recht der menschlichen Person ableitet.[76] Er sieht in den materiellen Bedingungen menschlicher Existenz die Voraussetzung der Freiheit. Im Eigentum finde die Freiheit im Prozess der Aneignung ihre erste Ausdrucksweise. Im Eigentum ereigne sich zudem eine kommunikative Funktion, die Menschen miteinander in Verbindung treten lasse und so als wesentlicher Teil der menschlichen Persönlichkeitsdynamik wirke.[77]

In der Neuzeit kann insgesamt ein Wandel im Verständnis von Eigentum festgestellt werden. Die Frage nach dem Besitz von Grund und Boden tritt in den Hintergrund. Im Vergleich zum nutznießenden Gebrauch gewinnt der produktive Einsatz von Gütern an Bedeutung. Die daraus erwachsene individualistisch-sachenrechtliche Auffassung bildet die Grundlage des heutigen Eigentumsverständnisses.

Bleiben wir an dieser Stelle einmal kurz stehen: Dem Bild einer Pyramide folgend, haben wir uns bisher eine begriffliche und historische Übersicht zu Eigentum und sozialer Verantwor-

---

[74] Gleichwohl gilt John Locke als Wegbereiter des neuzeitlichen Liberalismus und sieht die Hauptaufgabe des Staates im Schutz des privaten Eigentums; Stichwort: Nachtwächterstaat. Eine Freiheit, die eine Ungleichheit beinhaltete, entsprach dem Verständnis der englischen Empiristen, die das Modell der freien Marktwirtschaft vertraten.
[75] Vgl. hierzu das Hauptwerk Jean-Jacques Rousseaus, Der Gesellschaftsvertrag, Genf 1762, bes. 23–25.
[76] Vgl. hierzu Hegel, Georg Wilhelm Friedrich, Grundlinie der Philosophie des Rechts, Frankfurt 1970, § 241.
[77] Coreth, Emerich; Ehlen, Peter; Schmidt, Josef, Philosophie des 19. Jahrhunderts, [Grundkurs Philosophie, Bd. 9], Stuttgart ⁴2008, 85.

tung verschafft (Kapitel 1). Auf diesem breiten Fundament gründend, folgt ein deutlich schlankerer Mittelbau, der sich dem sittlichen Urteil zuwendet und dabei auf die katholische Soziallehre und die Suche nach handlungsleitenden Prinzipien eingeht (Kapitel 2). Den dritten und letzten Abschnitt, gleichsam die Spitze, bildet die Konkretion, die im eigentlichen Handeln ihren Ausdruck findet (Kapitel 3).

In Auseinandersetzung mit dieser gesellschaftspolitischen und mentalitätsgeschichtlichen Entwicklung hat sich in der zweiten Hälfte des 19. Jahrhunderts die katholische Soziallehre entwickelt. In deren Kontext werden im nachfolgenden zweiten Kapitel sowohl der Systematik einer christlichen Eigentumslehre nachgespürt als auch geltende Sozialprinzipien zum ethisch verantworteten Umgang mit Eigentum reflektiert.

2. Urteilen

2.1 Die Eigentumsfrage in der katholischen Soziallehre

„Kirche und Geld" ist für nicht wenige Menschen bis heute ein rotes Tuch. Dies betrifft Fragen des Gebrauchs wie des vermeintlichen oder auch offenkundigen Missbrauchs. Höhen und Tiefen zum Umgang mit „Gut und Geld" haben letztlich jedoch auch dazu beigetragen, dass die Frage nach Eigentum, und damit verbunden das bleibende Ringen nach einem verantwortungsvollen Gebrauch, bis heute individual- und sozialethisch hoch aktuell geblieben sind.

So zieht sich die Eigentumsfrage wie ein roter Faden durch die kirchlichen Sozialenzykliken, die die Grundlage der katholischen Soziallehre bilden. Den Auftakt macht 1891 die Enzyklika „Rerum Novarum" von Papst Leo XIII. Vor dem Hintergrund der sozialen Frage versteht sich die Enzyklika nicht nur als Antwort auf Herausforderungen im Zeitalter der Industrialisierung. Die Enzyklika gilt gleichermaßen auch als Grundsatzpapier kirchlicher Eigentumslehre, in bewusster Abgrenzung zum Sozialismus. Ungerechte Güterverteilung, Arbeitslosigkeit und Verarmung könne nicht, wie sozialistische Lösungsansätze glauben machen wollen, durch Enteignung und die Aufhebung sozialer Schichten gelöst werden. Ausgestattet mit Vernunft, komme dem Menschen von Natur aus nicht nur der bloße existenzsichernde Gebrauch von Gütern, sondern auch die bewusste Nutzung und damit auch deren Aneignung zu (Nr. 4). Ein Gleichmachen aller Menschen sei nicht nur ethisch falsch – so werde darin die individuelle Natur des Menschen verkannt –, sondern schlechthin sogar unmöglich (Nr. 14). Indem die Enzyklika einen Zusammenhang zwischen individuellen Anlagen, Fleiß, Gesundheit und Kräften jedes einzelnen Menschen und den daraus folgenden unterschiedlichen Besitzrechten herstellt, führt sie das Prinzip der Leistungsgerechtigkeit als Kriterium einer Verteilungsgerechtigkeit an und fordert den Staat gemäß dem Grundsatz „suum cuique" (Nr. 17) zudem zur Absicherung einer bedarfsgerechten Lohngestaltung auf. Die Enzyklika gründet wesentlich auf dem *Personalitätsprinzip*, als dessen zentrale materielle Bedingung das Recht auf (Privat)eigentum entfaltet wird.

Vom Eigentumsrecht ist der Eigentumsgebrauch zu unterscheiden, dessen ethischer Bestimmung sich die Sozialenzyklika Pius' XI. „Quadragesimo anno" (1931) annimmt. Dieser Enzyklika ist es sehr daran gelegen, die Balance der Individual- und der Sozialnatur von Eigentum zu betonen. Es sei eine gefährliche Einseitigkeit, „nur eine Seite zu sehen und die andere zu leugnen, was letztlich nur zu einem Individualismus bzw. Kollektivismus führen könne"[78] (Nr. 44–46). Papst Pius XI. ordnet den Gebrauch von Eigentum dem Bereich der Tugend (Nr. 71) zu, womit er in der Tradition von „Rerum

---

[78] Lau, Ludwig, Die Sozialpflichtigkeit des Eigentums, 68.

Novarum" die personale Verantwortung stärkt. Dem stellt er die grundlegende christliche Pflicht mildtätig zu sein, auch über den jeweiligen Rechtsanspruch hinausgehend, zur Seite (Nr. 51). Damit ändert sich nicht nur die Diktion Pius' XI. gegenüber Leo XIII., der das Almosen in der Linie der Tradition als christliche Nächstenliebe mit Blick auf den verfügbaren Überschuss thematisierte. Vielmehr wird damit deutlich, dass es eine Pflicht zur Gerechtigkeit auch dann geben kann, wenn diese im positiv rechtlichen Sinne nicht einklagbar ist (vgl. Augustinus). Erkenntnisleitend ist hier das *Solidaritätsprinzip*, das als wechselseitiger Identifizierungsprozess die Geschicke des Einzelnen mit dem der Gruppe und umgekehrt verbindet. Pointiert formuliert: Wohlstand und stabile soziale Verhältnisse sind nicht auf Kosten meiner Mitmenschen, sondern nur im gelingenden Miteinander realisierbar.

Der Balanciertheit der Enzyklika entspricht es, dass der sozialen Verantwortung eine Eigenverantwortung gegenübergestellt wird, die das Individuum vor Entrechtung und die Gemeinschaft vor Überlastung schützt (Nr. 79f.). Im Prinzip der *Subsidiarität* findet das Kriterium des Bedarfs Eingang in eine gerechte Verteilung von Gütern, insofern es den Zeitraum und den Umfang sozialer Hilfeleistung – orientiert an der jeweils möglichen Eigenverantwortung der Person – bestimmt. Konkret heißt das: Eigentum verpflichtet im Rahmen individueller Möglichkeiten und sozialer Erfordernisse, jedoch weder zeitlich unbegrenzt noch im Umfang beliebig. Maßstab und Zielsetzung ist bleibend die Fähigkeit zur Selbstsorge des Gegenübers. Damit wird die Verhältnisbestimmung von Eigentum und Sozialpflichtigkeit um eine dynamische Komponente erweitert.

Die naturrechtliche Linie zur Eigentumsfrage wird noch einmal eigens in der Enzyklika „Mater et magistra" (1961) von Johannes XXIII. aufgegriffen, der in der Vorrangstellung des einzelnen Menschen vor der bürgerlichen Gesellschaft (Privat-) eigentum als Grundlage der menschlichen Freiheit überhaupt reflektiert.[79] In der im Jahr 1963 veröffentlichten Enzyklika „Pacem in terris" führt Papst Johannes XXIII. diese Überlegungen weiter aus und geht dabei auf den Zusammenhang von Eigentum und Personenwürde,[80] unter besonderer Berücksichtigung des Gemeinwohls, ein. Das Recht auf Eigentum, so die bereits in „Mater et magistra" grundgelegte Position, „schützt in wirksamer Weise die Würde der menschlichen Person [...]. Es fördert die Ruhe und Beständigkeit des menschlichen Zusammenlebens in der Familie und fördert den inneren Frieden und die Wohlfahrt des Landes."[81]

Dabei wird deutlich: Dem Eigentum wird eine Schutzfunktion zugeschrieben, die sich nicht mehr nur in der klassischen Existenzsicherung, sondern in der Freiheit der Lebensgestaltung realisiert. In dieser Linie steht auch die Pastoralkonstitution Gaudium et spes, mit der die Eigentumslehre der katholischen Kirche vorerst ihren Höhepunkt erreicht. Die Konstitution hält fest: „Privateigentum und ein gewisses Maß an Verfügungsmacht über äußere Güter vermitteln den unbedingt nötigen Raum für eigenverantwortliche Gestaltung des persönlichen Lebens jedes einzelnen und seiner Familie; sie müssen als eine Art Verlängerung der menschlichen Freiheit betrachtet werden; auch spornen sie an zur Übernahme von Aufgaben und Verantwortung; dabei zählen sie zu den Voraussetzungen staatsbürgerlicher Freiheit."[82]

Im Sinne einer systematischen christlichen Eigentumslehre unterscheidet Gaudium et spes erstmals zwischen „Privateigentum und Gemeineigentum sowie zwischen materiellem und immateriellem Eigentum – wozu das Wissen und die beruflichen Fähigkeiten gehören – und stellt alle Eigentumsarten unter [...] Schutz."[83]

---

[79] Johannes XXIII., Mater et magistra, Rom 1961, Nr. 109.
[80] Johannes XXIII., Pacem in terris, Rom 1963, Nr. 21.
[81] Johannes XXIII., Mater et magistra, Nr. 112.
[82] Gaudium et spes, 71.
[83] Lau, Ludwig, Die Sozialpflichtigkeit des Eigentums, 68.

Für unsere Frage nach einer Verhältnisbestimmung von Eigentum und sozialer Verantwortung sind besonders die Entwicklungen nach dem Zweiten Vatikanischen Konzil richtungsweisend. Hierzu möchte ich besonders auf eine Entwicklung hinweisen: In der zweiten Hälfte des 20. Jahrhunderts tritt eine Akzentverschiebung von der Schutzwürdigkeit zur Sozialpflichtigkeit von Eigentum ein, wobei dieses immer stärker durch völkerrechtliche, arbeits- und friedensethische Überlegungen ergänzt wird. Auf einige Meilensteine sei hier kurz hingewiesen. Papst Johannes Paul II. betont in der Sozialenzyklika „Laborem exercens" aus dem Jahr 1981 als Gegengewicht zu einem zunehmend entgrenzten Kapitalismus: „Das private Eigentum ist dem Recht auf die gemeinsame Nutzung, der Bestimmung der Güter für alle, untergeordnet."[84] „Centesimus annus" (1991) streift das Thema im Zusammenhang mit dem Zusammenbruch des politischen Sozialismus in Osteuropa, eingebettet in Fragen nach dem Recht auf Arbeit, einem angemessenen Konsum und einer Beachtung der ökologischen Verantwortung.[85] Gerade dieser letzte Gedanke gewinnt für die jüngsten Sozialenzykliken „Caritas in veritate" (2009) von Papst Benedikt XVI. sowie „Laudato si" (2015) von Papst Franziskus Bedeutung. Hierin wird die Frage nach dem angemessenen Gebrauch von Eigentum von der klassischen Unterscheidung von Privat- und Gemeineigentum befreit.

Der Sprachkontext ist nunmehr der einer gerechteren globalen Wirtschaftsordnung, die die persönlichen Rechte des Einzelnen ebenso wie die Regeln und Strukturen einer gerechten Gemeinschaft mit Blick auf eine synchrone als auch eine diachrone Verantwortung thematisiert. Dies umfasst sowohl die Verantwortung gegenüber dieser und nachfolgender Generationen als auch zur belebten und unbelebten Um- bzw. Mitwelt. Hierin

---

[84] Johannes Paul II., Laborem exercens, Nr. 14, 2.
[85] Johannes Paul II., Centesimus annus, Nr. 30–43.

bricht sich als viertes Prinzip ethischer Urteilsbildung die *Nachhaltigkeit* (Retinität) Bahn.

2.2 Sozialprinzipien –
Zeugnis einer systematischen Eigentumslehre

Diese kurze Skizze einer christlichen Eigentumslehre lässt sich zusammenfassend auf den Punkt bringen: Eigentum ist grundsätzlich positiv zu bewerten. Entscheidend ist nicht, wie viel man hat, sondern wozu man es gebraucht. Nutze ich meinen Besitz nur für mich selbst, allenfalls unter Beachtung staatlich verordneter sozialer Verpflichtungen, oder setze ich die mir zur Verfügung stehenden Güter gezielt ein, um andere Menschen in ihrer Entwicklung und Selbstständigkeit zu fördern. Dies kann von privater Nachbarschaftshilfe, etwa beim Einkauf für in ihrer Bewegung beschränkte hochaltrige Personen, über ein persönliches Engagement im Hospiz bis hin zur Mitgliedschaft in einem Förderverein einer Bildungseinrichtung reichen.

Versucht man die vorausgehenden Ausführungen noch einmal zu bündeln, so können mit Hilfe der genannten sozialethischen Prinzipien vier grundlegende Aussagen getroffen werden:

1. Mit dem Prinzip der *Personalität* hat die Frage nach Eigentum ihren Ausgangspunkt in anthropologischen und naturrechtlichen Überlegungen zur Eigentumsfrage gefunden. Der Mensch wird in seiner gottgegebenen Personenwürde und der darin gründenden Unverfügbarkeit und sittlichen Unvertretbarkeit zu jenem Ordnungsmaßstab, an dem sich die Bedeutung von und der Umgang mit Eigentum messen lassen müssen.[86]

---

[86] Kant unterscheidet in diesem Zusammenhang mit Recht zwischen Preis und Würde. „Im Reich der Zwecke hat alles entweder seinen Preis, oder seine Würde. Was einen Preis hat, an dessen Stelle kann auch etwas anderes, als Äquivalent, gesetzt werden; was dagegen über allen Preis erhaben ist, mithin kein Äquivalent verstattet, das hat eine Würde." Kant, I. Grundlegung zur Metaphysik

2. Der einzelne Mensch stellt keine absolute Größe dar, was im Prinzip der *Solidarität* die wechselseitige Verpflichtung des Einzelnen gegenüber der Gruppe und der Gruppe gegenüber ihren Mitgliedern begründet. Damit erfährt auch das Eigentum eine Relativierung als Bedingung existenzieller Sicherung und als Grundlage zur Entfaltung personaler freiheitlicher Vollzüge.

3. Zur Verhältnisbestimmung von Eigenverantwortung und Sozialverantwortung, konkret etwa zur Erhebung von Sozialbeiträgen oder Leistungsansprüchen, dient die *Subsidiarität* als dynamisches Regulativ. Der Diskurs von Verantwortung und Pflicht, von Tugend- und Normenethik wird hier um die Komponenten Bedarfs- und Kontextorientierung erweitert und gewinnt so eine größere inhaltliche Differenzierung. In der Eigentumsfrage können nicht nur Bedarfs- und Verteilungs- sowie Leistungsgerechtigkeit Berücksichtigung finden, vielmehr kann hier auch eine Teilhabegerechtigkeit ansetzen, die über die punktuelle Versorgung und den unmittelbaren Anspruch einer Person hinausgeht und deren zukünftige Partizipation an wirtschaftlichen und sozialen Prozessen in den Blick nimmt.

4. Dies entspricht dem Prinzip der *Nachhaltigkeit*, was die Frage des Eigentums letztlich in den Kontext einer umfassenden Verantwortungsethik einbettet.

Damit kommen wir zum dritten und letzten Abschnitt, der die Ebene des ethischen Urteils übersteigt und zur praktischen Konkretion drängt. Abschließend möchte ich in aller Kürze noch auf den Ansatz einer Verantwortungsethik eingehen, der den sittlichen Anspruch, das ethische Urteil und die praktische Umsetzung zu verbinden sucht.

---

der Sitten, BA 78. Der Mensch ist daher als zur Sittlichkeit fähiges Subjekt als Zweck an sich selbst zu bestimmen.

3. Handeln

3.1 Der Ansatz einer Verantwortungsethik

Der Ansatz einer „Verantwortungsethik" zielt auf die Überwindung der Spannung von Normen und Tugenden und den damit verbundenen, oftmals linearen Zuschreibungsprozessen von Anspruch und Entsprechung.

Hans Jonas prägt hierzu den bekannten Begriff vom „Prinzip Verantwortung"[87]. Darin macht er eine Verbindung von übernommenen Aufgaben und Handlungserfordernissen sowie eine Zurechnung entsprechender Handlungsfolgen aus. In einem klassischen Verständnis von Verantwortung begegne ein übersichtlicher sozialer Kontext eindeutigen Zurechenbarkeiten.[88] Ein kurzes Beispiel soll dies verdeutlichen:

Eine Mutter, die auf das Wehklagen ihres Kindes nach einem Sturz mit dem Fahrrad mit persönlicher Zuwendung und Wundversorgung reagiert, vermag den berechtigten Anspruch auf Hilfeleistung und eine folgerichtige Entsprechung noch unmittelbar zu verbinden.

Im „modernen", zeitgenössischen Verantwortungsbegriff hingegen sind nach Jonas deutlich komplexere gesellschaftliche Bedingungen zu verzeichnen, in der sittliche Selbstbestimmung wie Sachzwänge gemeinsam einen Platz einfordern.[89] Dies kann die Zuweisung von knappen Gütern im Bereich der Medizinethik (Stichwort: Organspende) betreffen oder auch Fragen sozialfinanzierter Teilhabe umfassen, wie den

---

[87] Jonas, Hans, Das Prinzip Verantwortung. Versuch einer Ethik für die technologische Zivilisation, Frankfurt 1979.

[88] Ebd., 7f.

[89] Vgl. hierzu auch die Ausführungen zur Philosophie von Jonas bei Viana, Wellistony C., Das Prinzip Verantwortung von Hans Jonas aus der Perspektive des objektiven Idealismus der Intersubjektivität von Vittorio Hösle, Würzburg 2010, 112f.

freien Zugang zu Bildung unabhängig von der sozialen und kulturellen Herkunft. Wo Sachzwänge – z. B. eine Versicherungspflicht – vorliegen, besteht nur in geringem Maß die Möglichkeit zu einer strukturellen Einflussnahme, etwa der Versicherungsmitglieder durch den Wechsel der Versicherung. Inhalte bleiben häufig einer personalen Entscheidung entzogen, um im Beispiel zu bleiben: Was mit den individuellen Beitragszahlungen geschieht, darauf hat das einzelne Subjekt nur einen sehr bedingten oder auch keinen Einfluss (Stichwort: Verwendung von Krankenkassenbeiträgen für Abtreibungen oder auch Steuergelder für Rüstungsgüter).

Eine Verantwortungsethik sucht diese Spannung aufzulösen und den Übergang von einem Reagieren zu einem Agieren zu gestalten. In der Literatur werden verschiedene Lösungsansätze[90] diskutiert, die für die vorgestellte Diastase im Umgang mit sittlicher Verantwortung zur Anwendung kommen können. Zwei Ansätze ringen hierbei gegenwärtig um Deutungshoheit, um Selbstsorge und soziale Fürsorge, das Recht auf Eigentum und dessen sozialpflichtigen Gebrauch, miteinander zu verbinden.

3.2 Verantwortungsethische Paradigmen

Einerseits wird erwogen, angesichts einer fortschreitenden gesellschaftlichen Komplexität, Verantwortung an Systeme und Organisationen zu delegieren. Hier setzt ein institutionenethisches Paradigma an. Andererseits werden Überlegungen laut, dem einzelnen sittlichen Subjekt wieder allein und unmittelbar Verantwortung zuzuschreiben. Hier gründet ein individualethisches Paradigma. Zu den beiden Paradigmen im Detail:

---

[90] Vgl. hierzu die Ausführungen von Baumgartner, Alois, III. Wirtschaftliche Effizienz, 97f.

1. Das *institutionenethische Paradigma.* Dieses sieht Institutionen und soziale Zusammenschlüsse wie Verbände, Gewerkschaften, Aufsichtsräte als vorrangige Verantwortungs- und Handlungssubjekte, gerade wenn es um die sozial verantwortete Nutzung von Gütern und Eigentum geht. Der Kooperation unterschiedlicher Individuen wird ein gemeinsamer Handlungswille im Sinne eines verbindenden Interesses unterstellt. Die Stärke dieses Ansatzes liegt in der Bündelung von Kräften und der Schaffung einer verbindenden Sozialform, die gleichermaßen Schutz wie Sicherheit zu geben vermag. Doch bei einer Überzeichnung kommunitärer[91] Aspekte besteht die Gefahr einer funktionalen Unterordnung des Individuums unter das Gemeinschaftsinteresse, mithin die Gefahr der Entrechtung des Individuums.

2. Dass *individualethische Paradigma.* Ausgangspunkt ist das Individuum. Dieses wird in ökonomischen Entscheidungen, so auch im Umgang mit dem Eigentum als einziger Adressat von Moral gesehen. Positiv ist diesem Ansatz anzurechnen, dass er die Unverzichtbarkeit des konkreten sittlichen Subjektes für ethische Entscheidungsprozesse hervorhebt. Wo dies gekoppelt wird mit einer Sensibilisierung für die moralische Dimension des eigenen wirtschaftlichen bzw. unternehmerischen Handelns, kann es zu einer umfassend wahrgenommenen Verantwortung führen. Findet sich dieser Ansatz jedoch ausschließlich als Postulat konzipiert und ohne einen entsprechenden Wertekontext ausgestattet, wie ihn die katholische Soziallehre mit den vier Prinzipien Personalität, Solidarität, Subsidiarität und Nachhaltigkeit bestimmt, so besteht die Gefahr von Egoismus und Beliebigkeit.

---

[91] In der Kommunitarismusdebatte, die durch die „Theory of Justice" von John Rawls begann, wurde intensiv darüber diskutiert, welche Wertvorstellungen zur „moralischen Aufrechterhaltung freiheitsverbürgender Institutionen" geeignet sind, vgl. Honneth, Axel (Hg.), Kommunitarismus: Eine Debatte über die moralischen Grundlagen moderner Gesellschaften, Frankfurt-New York 1993, 15.

Beide Ansätze verkennen bzw. verkürzen, für sich genommen, den Anspruch der Wirklichkeit und führen zu einem dauerhaften Auseinanderbrechen eines individual- und eines sozialethischen Verantwortungsverständnisses, zur Spaltung von Individual- und Gemeinwohl. Günter Wilhelms bringt dieses Problem auf den Punkt und fordert daher: Es „besteht eine wichtige Aufgabe darin, zu mehr Verantwortungsbewusstsein zu erziehen oder Modelle und Verfahren zu entwickeln für die Umsetzung von objektiven Haftbarkeitsstrukturen der institutionellen Ebene in Verantwortlichkeitsstrukturen der individuellen Ebene"[92]. Es bedarf daher einer Verantwortungsethik, die die zurückschauende ex-post Orientierung (Folgenorientierung im Sinne eines passiven Korrektivs) überwindet und den Schritt zu einer vorausschauenden ex-ante Orientierung (Zielorientierung im Sinne einer aktivierenden Teilhabe) vollzieht. Als Ausdruck einer dialogischen Ethik verbindet diese Verantwortungsethik personale Interaktion und diskursive Begründungsverfahren und vermag den sittlichen Anspruch einer Tugendethik kontextuell und zielorientiert zu entfalten. Führt man diesen Ansatz weiter aus, so lässt sich, einer Verantwortungsethik nach Hans Jonas folgend, für den ethisch verantworteten Umgang mit Eigentum folgende Norm als ethische Handlungsorientierung formulieren: „Handle so, dass der Gebrauch Deines Eigentums verträglich ist mit der Permanenz echten Lebens auf Erden. Schließe in Dein Entscheiden und Handeln immer auch die Integrität des Menschen als Mit-Gegenstand Deines Wollens ein."[93] Gleichwohl ist die damit zuvor skizzierte Spannung zwischen einer Folgen- und einer Zielorientierung noch nicht gänzlich gelöst.

---

[92] Wilhelms, Günter, Christliche Sozialethik, 117.
[93] Vgl. hierzu Jonas, Hans, Das Prinzip Verantwortung, 36.

Karl Homann[94] sucht diese Diastase zu überwinden, indem er Individual- und Gemeinwohl neu verortet und strukturell voneinander abhängig macht. In seinem Konzept des homo oeconomicus postuliert er die Formulierung von Handlungsnormen, die in Gestalt eines am Eigeninteresse orientierten Handelns zum Gemeinwohl beitragen. Das bedeutet konkret: „Man setzt also durch Regeln in der Rahmenordnung Anreize, die bewirken sollen, dass der Mensch seinen eigenen Nutzen verfolgt, um eben dadurch zum moralisch erwünschten Ergebnis zu kommen."[95] Aufgabe der Ethik ist es nach Homann gezielte Anreizstrukturen zu schaffen, indem sie das moralisch Gesollte einer rationalen Abwägung zugänglich macht.[96] Die Ethik dient in diesem Fall als Transferinstanz, orientiert sich pragmatisch an Fragen der Umsetzbarkeit und heiligt nebenbei über den Zweck die Mittel. Homann glaubt auf diesem Weg den Graben zwischen Wirtschaft und Ethik zu überwinden und beide zu einer logischen Handlungskette moralanalogen Verhaltens verbinden zu können, insofern die Ökonomik systematisch als *„Fortsetzung der Ethik mit anderen Mitteln,* nämlich *mit besseren Mitteln"*[97] verstanden wird. Doch verkürzt er damit jene notwendige räumliche Distanz zweier Sichtbereiche (Regelkreise). Mit der erhofften Überlagerung tritt – bildhaft gesprochen – kein vertieftes räumliches Sehen, sondern in der zwanghaften Vereinigung von Blickwinkeln und Bezugspunk-

---

[94] Homann wehrt sich gegen eine dualistische Gegenüberstellung von Moral und Markt. Vgl. Homann, Karl; Suchanek, Andreas, Ökonomik: Eine Einführung, Tübingen ²2005, bes. 387ff.

[95] Baumgartner, Alois, III. Wirtschaftliche Effizienz, 100.

[96] Beispielhaft kann hierzu auf die Erstattung von Versicherungsbeiträgen verwiesen werden, in dem Fall etwa, dass eine Versicherungsleistung nicht in Anspruch genommen wird. Ein Versicherungsbetrug sowie ein hoher Verwaltungsaufwand im Umgang mit Bagatellfällen sollen auf diesem Weg vermieden werden. Aber auch gezielte Prämien und eine Förderleistung etwa für die energetische Sanierung des Eigenheims schaffen eine Brücke zwischen der Gemeinwohl orientierten Reduktion von Emissionen und dem Individualwohl etwa durch reduzierte Energiekosten.

[97] Zit. n. Baumgartner, Alois, III. Wirtschaftliche Effizienz, 101.

ten ein Schielen ein, das auf Dauer zu einer anhaltenden Fehlsichtigkeit führt. Verliert die Ethik ihr kritisches Reflexionspotenzial und mehr noch den Anspruch, Werte und Normen zu entfalten, die sich in erster Linie nicht nach pragmatischen, sondern nach sittlichen Ansprüchen richten, so wird Ethik auf Dauer zur bloßen Legitimationsinstanz von Nützlichkeitserwägungen. Ein circulus vitiosus wäre auf diese Weise aufgestellt, insofern sich derartige Nützlichkeitserwägung entweder einseitig am Individualwohl oder am Gemeinwohl ausrichten, womit wir wieder bei der Ausgangsfrage ständen.

Schlusswort

Die zentrale Herausforderung für ein ethisch verantwortliches Wirtschaften und ganz speziell für einen sozialverantwortlichen Umgang mit Eigentum ist nicht die Entwicklung eines möglichst engmaschigen Regulariums von Handlungsdirektiven, d. h. von sozialen Pflichten, Abgaben und Nutzungsbestimmungen für den Gebrauch von Gütern, denen allenfalls Anreize zur Seite gestellt werden bzw. eine Anreizkompatibilität zu eigen ist, um Gemeinwohlinteressen im Dienste des Individualwohls zu berücksichtigen (vgl. hierzu den Ansatz von Karl Homann). Ein solcher Ansatz verkennt sowohl die personalen Voraussetzungen, wonach ein Mensch zeitlebens aus der Dialogizität von Selbststand und Bezogenheit agiert, wie auch das vernunfthafte Durchdringen und Anerkennen von moralischen Standards. Prägnant formuliert, Egoismus taugt nicht als ethisches Regulativ! Statt einer legalistischen Instrumentierung der Ethik, die auch keine Lösung für die weiterhin bleibende Möglichkeit zur Normabweichung vorhält, bedarf es einer Ethik, die einsichtig macht, „dass es moralische Verbindlichkeiten gibt, die rational begründbar sind"[98] und die konkret zu

---

[98] Baumgartner, Alois, III. Wirtschaftliche Effizienz, 103.

einem sozialverantwortlichen Gebrauch von Eigentum anleiten. Mit Blick auf das Eigentum können so an einem Eigentumsrecht festgehalten und zugleich Kriterien hinsichtlich dessen sozialpflichtiger Nutzung bestimmt werden. So vermag beispielsweise die Wahrung des sozialen Friedens und die Achtung gleicher, fundamentaler Rechte aller Menschen als konsensfähiges Regulativ angeführt werden, welches hinsichtlich der Nutzung von Eigentum schützend gegenüber einem übersteigerten Gewinnstreben oder dem Missbrauch von Gütern wirkt. Ich verweise hier nur exemplarisch auf die Verschwendung von Lebensmitteln, wenn deren ungenutzte Entsorgung bereits in der Produktion kalkuliert ist.

Der Unterschied zum vorausgehend skizzierten Homann'schen Ansatz liegt darin, dass statt eines regulatorischen Verständnisses von Ethik hier ein dialogisches bemüht wird. Gleichwohl darf eine Verantwortungsethik nicht im Umkehrschluss den Fehler machen, Vernunft und Einsichtsfähigkeit als den alleinigen Antrieb menschlicher Handlungen auszumachen, sondern muss im Gegenzug Egoismen auch dort entlarven, wo sie zu sozial- und individualschädlichem Verhalten führen.

Gründet Ethik in der Annahme personaler Freiheit, so beinhaltet dies neben der Fähigkeit zur Erkenntnis von richtig und falsch auch die Unterscheidung von gut und böse, die erst in der Entscheidung und damit verbunden im Handlungsvollzug Verantwortung konkret werden lässt. Mit Oswald von Nell-Breuning schließend bleibt daher festzuhalten:

Jedes Eigentum findet seine Berechtigung darin, dass es „sowohl einen individuellen Nutzen als auch eine nützliche Funktion für die Gemeinschaft erfüllen kann"[99].

Diese Spannung gilt es nicht aufzulösen, sondern verantwortlich zu gestalten.

---

[99] Rommerskirchen, Jan, Das Gute und das Gerechte. Einführung in die praktische Philosophie, Wiesbaden 2015, 179.

Ludwig Engels

Unternehmensethik – Zwischen Ökonomie und gesellschaftlicher Verantwortung

1. Gute Vorsätze

Absolventen der Harvard Business School haben 2009 einen von ihnen selbst verfassten Eid abgelegt. „Als Manager wird es meine Aufgabe sein, der Gesellschaft zu dienen. Ich werde stets mit größtmöglicher Integrität handeln und meiner Arbeit in ethischer Weise nachgehen."[1] Im Sommer 2019 gelobten amerikanische Topmanager von Apple, General Motors, Coca-Cola und Walmart ihren Beschäftigten, Kunden und Lieferanten Fairness im Umgang und ihren Aktionären, langfristige Werte für sie zu schaffen. Dem haben sich auch Vorstandsvorsitzende deutscher Konzerne angeschlossen. Das könnte als Abkehr vom Primat der kurzfristigen Gewinnmaximierung und dem Shareholder Value System verstanden werden. In der Führungskräftebefragung 2019 durch die TU München geben 80 % der Befragten an, dass ethische Normen in ihren Unternehmen klar definiert seien, aber weniger als 40 % der Manager würden vornehmlich danach handeln. Nur etwa die Hälfte der Befragten bekennt, dass Verstöße meist oder immer sanktioniert werden.[2]

---

[1] Küng, Hans, Anständig wirtschaften. Warum Ökonomie Moral braucht, München 2010, 233.
[2] Vgl. Wertekommission „Initiative Werte Bewusste Führung", Führungsbefragung 2019, TU München.

2. Schlechte Beispiele

Die aktuelle Diskussion über ethische Aspekte in der Unternehmensführung wird maßgeblich bestimmt durch den Diesel-Skandal und die CumEx-Affäre.

Deutsche Automobilhersteller lieferten Dieselfahrzeuge aus, deren Motorsteuergeräte so programmiert waren, dass bei der Zulassungsprüfung auf dem Rollenprüfstand Abgaswerte gemessen werden, die die gesetzlichen Normen einhalten. Im praktischen Fahrbetrieb dagegen werden die Grenzwerte deutlich überschritten. Solche Abschaltvorrichtungen sind in Europa und in den USA nicht erlaubt. Seit 2015 hat der VW-Konzern in den USA für die Beendigung von strafrechtlichen Verfahren und für zivilrechtliche Vergleiche ca. 25 Milliarden US-Dollar bezahlt. In Deutschland wurden ebenfalls sehr hohe Bußgelder verhängt. Zudem mussten Vorstandsvorsitzende ihre Mandate aufgeben.

Durch unüberschaubare mehrfache Käufe und Verkäufe von Aktien um den Dividendenstichtag (CumEx-Geschäfte) wurden vom Fiskus nur einmal gezahlte Kapitalertragsteuern mehrfach zurückgefordert. Banken, Fonds und Börsengesellschaften haben mit Unterstützung von Beratern und Wirtschaftsprüfungsgesellschaften jahrelang eine Gesetzeslücke genutzt und dem Staat wissentlich und ungerechtfertigt Milliarden entzogen. Die Beträge werden auf mehr als 10 Milliarden Euro geschätzt.

Banken haben gemeinschaftlich zum Schaden ihrer Kunden internationale Referenzzinssätze sowie Devisen- und Rohstoffkurse manipuliert. Geldwäsche über ihre Organisationen wurde nicht behindert. Die Deutsche Bank AG hat in diesem Zusammenhang seit 2012 insgesamt ca. 13 Milliarden Euro für Rechtsstreitigkeiten und Bußen gezahlt.

Diese Beispiele sind in ihrer Komplexität und in den finanziellen Größenordnungen sowie in ihren Folgewirkungen schwer zu überblicken. Ihre juristische Aufarbeitung wird wahrscheinlich noch Jahre in Anspruch nehmen. Unter ethischen Gesichtspunkten sind sie teilweise schwierig zu beurteilen.

Bei anderen Beispielen ist das schon eher möglich. In großen deutschen Industrieunternehmen wurden aufgrund erwiesener Bestechungen ganze Vorstandsetagen ausgetauscht. Internationale Textilhändler lassen in vielen Ländern weltweit zu niedrigsten Löhnen, ohne soziale Absicherung der Mitarbeiter und unter extremen Umweltbelastungen produzieren. Hersteller von Lastkraftwagen, Eisenbahnschienen und Bier müssen wegen verbotener Preisabsprachen zu Lasten ihrer Kunden hohe Bußgelder zahlen. Ein Fruchtsafthersteller generiert Aufmerksamkeit für seine Produkte durch rassistische und sexistische Plakatwerbung. Forschende Pharmaunternehmen führen klinische Studien in sogenannten Schwellenländern mit erheblichen Risiken für die Probanden durch. Ein Bankenvorstand nimmt im Zusammenhang mit dem Verkauf der Firmenanteile an der „Formel Eins" Bestechungsgeld von vielen Millionen an und wird zu einer langjährigen Haftstrafe verurteilt.

Diese Beispiele verdeutlichen, dass der Abstand zwischen den sogenannten wirtschaftlichen Eliten und der Gesamtgesellschaft immer größer und immer weniger begründbar wird. Die Bindekraft ethischer Normen und rechtlicher Regelungen ist aber an einigermaßen symmetrische gesellschaftliche Verhältnisse gebunden. Schwindet diese Symmetrie durch den immer größer werdenden Abstand, dann löst sich auch im wirtschaftlichen Umfeld die Bereitschaft auf, sich an Regeln und Normen zu halten.[3] Es besteht die Gefahr, dass eine sich selbst verstärkende Entwicklung in Gang kommt, die in Unternehmen nur durch verantwortliches persönliches und institutionelles Handeln gesteuert werden kann. Aufgrund der gravierenden wirtschaftlichen und gesamtgesellschaftlichen Auswirkungen der

---

[3] Vgl. Münkler, Herfried, Kriegssplitter, Berlin 2015, 147.

Corona-Pandemie wird diesem verantwortlichen Handeln ganz besondere Bedeutung zukommen.

3. Legenden

Die obigen Beispiele werfen die Frage auf, unter welchen Rahmenbedingungen die Verantwortungsträger in Unternehmen stehen, welche Motive ihr Handeln bestimmen und mit welchen Argumenten sie möglicherweise ihr Handeln zu rechtfertigen suchen.

- Wo wird gegen bestehende Gesetze verstoßen? (Dieselabschaltvorrichtungen)
- Wo werden gesetzlich zulässige Spielräume genutzt? (Cum-Ex-Geschäfte)
- Wo haben Renditeziele höchste Priorität? (Zins-Manipulationen, Geldwäsche)
- Wo wird zur (angeblichen) Unternehmenssicherung gehandelt? (Bestechung)
- Wo liegt persönliche Bereicherung vor? (Bestechlichkeit)
- Wo wird aus persönlichen Karrieregründen gehandelt? (Cum-Ex-Geschäfte)

Zur Rechtfertigung solcher Handlungen werden im internationalen globalisierten Geschäft Legenden herangezogen.[4]

Legende I

Unternehmen in unserer kapitalistisch orientierten Wirtschaftsordnung müssen Gewinne erzielen, um Investitionen und Wachstum zu finanzieren, damit die Arbeitsplätze erhalten werden und der Bestand des Unternehmens langfristig gesichert ist.

---

[4] Kusyk, Sophia, Learning to Navigate the Rough Seas of Ethics, in: IESE Insight, Second Quarter 2010, 31ff.

Zu Mitteln hierfür werden dann entwürdigende und ausbeuterische Arbeitsbedingungen, die strukturell und physisch allzu oft lebensbedrohlich werden. Bekannte Beispiele sind die Textilproduktion in Bangladesch und die Herstellung von Pflastersteinen in indischen Steinbrüchen.

Legende II

Unternehmen müssen sich im weltweiten Wettbewerb den lokalen Gegebenheiten anpassen. Wer in bestimmten Ländern Aufträge zum Beispiel für Eisenbahnwagen, Hochhausaufzüge oder Rüstungsgüter erhalten will, muss sich Zugang zu Regierungsstellen verschaffen. Großaufträge im Hoch- und Tiefbau können wirtschaftlich erfolgreich nur mit möglichst billigen Hilfskräften und zweifelhaften Subunternehmen abgewickelt werden. Schon im Altertum galt: Wenn du nach Rom kommst, mach es wie die Römer. Und heute: Wenn wir es nicht machen, dann geht der Auftrag an die Konkurrenz.

Legende III

Wir müssen doch tolerant sein. Toleranz auf der Basis von Relativismus und Subjektivismus befreit aus dem ethischen Dilemma. Wenn alle es so machen, kann es doch nicht falsch sein. Alle globalisierten Konzerne suchen nach Möglichkeiten zur Steueroptimierung. Jeder hat eine andere (seine eigene) Vorstellung von dem, was richtig ist. Alles ist möglich, was nicht ausdrücklich verboten ist. Dieser Toleranzansatz rechtfertigt maßloses Gewinnstreben, persönliche Geldgier und Umweltzerstörung: Wir können doch die Abbaubedingungen von Kupfer in Südamerika (für Kabel) und von Gold und Kobalt in Afrika (für Batterien) nicht bestimmen.

4. Verantwortung

In der wirtschaftlichen Praxis besteht also offensichtlich eine ausgeprägte Antinomie zwischen unternehmerisch-ökonomischen Notwendigkeiten und gesellschaftlicher Verantwortung der Unternehmen.

Im Kontext gesellschaftlicher Verantwortung sind sowohl die Adressaten wie auch die Träger der Verantwortung zu benennen. Öffentliche Adressaten sind die Solidargemeinschaft, die Anspruch auf Steuern und Sozialabgaben hat, und die natürliche Umwelt, die es heute zu schützen und für zukünftige Generationen zu erhalten gilt. Adressaten im Unternehmen sind die Eigentümer, Mitarbeiter, Kunden, Lieferanten und Banken. Die Eigentümer erwarten zu Recht ein Entgelt für das eingesetzte Kapital und den Erhalt ihres Vermögens.

Für die Mitarbeiter stehen die Sicherung ihres Einkommens und ihres Arbeitsplatzes sowie die Förderung ihrer beruflichen Entwicklung im Vordergrund. Kunden erwarten die Einhaltung der Qualitäts- und Lieferversprechen. Lieferanten wollen fair behandelt sowie vollständig und rechtzeitig bezahlt werden. Banken haben Anspruch auf Zinsen und Tilgung ihrer Kredite.

Träger der Verantwortung sind die Unternehmer als Eigentümer-Unternehmer oder als angestellte Manager; diese in erster Linie als Vorstände, Geschäftsführer und gegebenenfalls auch als Aufsichtsräte. Die Tiefe der Verantwortungshierarchien wird durch die Unternehmensgröße bestimmt und unterscheidet sich nach Branchen und internationaler Ausrichtung. Seniorpartner in Anwaltskanzleien, Wirtschaftsprüfungsgesellschaften und Unternehmensberatungen sowie Klinikdirektoren, die aufgrund ihres Berufsstandes unter besonderen Anforderungen stehen, sind ebenfalls zum Kreis der Unternehmer zu rechnen. Unternehmen sind als Organisationseinheit institutionelle Verantwortungsträger, die Regeln erlassen und dadurch Mitarbeitern verantwortliches Handeln ermöglichen.

Die vielfältigen Zusammenhänge und Abhängigkeiten zwischen den Adressaten und den Trägern der Verantwortung machen die Komplexität des praktischen Unternehmerhandelns aus. Im Folgenden wird eine Annäherung an die Möglichkeiten der Unternehmensethik, eine Antinomie zwischen Ökonomie und gesellschaftlicher Verantwortung aufzulösen, anhand von fünf Thesen versucht.

5. Thesen

5.1 Unternehmerisches Handeln braucht Normen

Ethik ist die Lehre von der Begründung normativer, das heißt handlungsanleitender Aussagen. Solche Begründungen sind verschieden von Individuum zu Individuum (siehe Subjektivismus), von Kultur zu Kultur (Wenn du nach Rom kommst, mach es wie die Römer). Menschen, hier Unternehmer, handeln zweckorientiert unter der sittlichen Norm, nur das zu tun, was sie als gut und geboten erachten. Was gut und geboten ist, kann sich in Anlehnung an Hans Jonas an folgender Grundforderung orientieren: Führe das Unternehmen so, dass die Wirkung der Entscheidungen verträglich ist mit der Permanenz echten menschlichen Lebens.[5]

Konkret bedeutet es, dass unternehmerische Entscheidungen dazu beitragen müssen, ein nachhaltiges Gleichgewicht der Interessen aller am und im Unternehmen Beteiligten zu schaffen.

Leitlinien für die Entscheidungen sind einerseits die individuelle Gesinnungsethik der Einzelnen (nicht lügen, nicht betrügen, nicht stehlen, nicht bestechen …). Gleichzeitig ist es die auf die Adressaten hin orientierte Erfolgsethik (wir müssen doch dafür sorgen, dass …), die in Abhängigkeit von der gesamt-

---

[5] Jonas, Hans, Das Prinzip Verantwortung, München 1979, 36.

gesellschaftlichen Situation und der spezifischen Lage des Unternehmens in Bezug auf die Adressaten unterschiedliche Prioritäten setzen kann.[6] Das wird zum Beispiel in der Diskussion über die Energie- und Klimapolitik in Deutschland besonders deutlich. Umwelt und Arbeitsplätze der Mitarbeiter sowie langfristige Energieversorgung der Menschen und der Wirtschaft müssen in Einklang gebracht werden. Hier setzt Verantwortungsethik an. Sie bringt Gesinnungsethik und Erfolgsethik in ein möglichst stabiles Gleichgewicht.

Das Coronavirus hat das wirtschaftliche und gesellschaftliche Gleichgewicht angegriffen und destabilisiert. In einer ersten Phase der Pandemie wurde im solidarischen zwischenmenschlichen und staatlichen Handeln Verantwortungsethik deutlich. Werden sich nun in der zeitlichen Folge die gesetzlichen Rahmenbedingungen verändern und sich in der Prioritätensetzung die Gewichte bei den Adressaten verschieben?

Bei der Umsetzung im unternehmerischen Alltag sind selbstverständlich Gesetze im Sinne von Mindestnormen zu befolgen, so zum Beispiel die Steuer- und Sozialgesetze für die Solidargemeinschaft; das Immissionsschutzgesetz und Naturschutzgesetz für die Umwelt; die Arbeitsgesetze für die Mitarbeiter; das Wettbewerbs- und Kartellrecht für Kunden und Lieferanten; die Marktmissbrauchsverordnung für Aktionäre; das Preisrecht für öffentliche Aufträge.

Verantwortungsethik zeigt sich dann in dem unternehmerischen Verhalten, das über die Beachtung von Mindestnormen hinaus geht durch Orientierung an einer Corporate Social Responsibility, die ihre Ausprägung ganz allgemein in der sozialen Marktwirtschaft oder spezifisch in der christlichen Soziallehre finden kann. In einer Gesellschaft, die auf Nachhaltigkeit ausgerichtet ist, muss hierüber eigentlich ein Grundkonsens beste-

---

[6] Weber, Max, Politik als Beruf, in: Gesammelte politische Schriften, hrsg. von Winckelmann, J., Tübingen 1988, 551f.

hen. Ob und inwieweit ein solcher Konsens besteht, gefährdet ist oder befördert werden kann, wird im Folgenden beleuchtet.

5.2 Normenverstöße müssen auch öffentlich verantwortet werden

Internationale journalistische Rechercheteams und Umweltverbände haben Verstöße aufgedeckt (Paradise Papers, Diesel-Skandal), öffentliche Debatten veranlasst (Talkshows, Leserforen) oder Gesetzgebungsverfahren angestoßen (Musterfeststellungsklage). Seit 2002 (neu 2019) gibt es den Deutschen Corporate Governance Kodex, der Werte und Regeln für verantwortungsvolle Unternehmensführung aufstellt. Unternehmen geben sich in Form eines Code of Conduct eigene Verhaltensregeln. Sie bestellen einen Compliance Officer oder richten sogar Compliance-Abteilungen ein, welche die Einhaltung von Gesetzen und Regeln überwachen. In Personalausschüssen von Aufsichtsräten werden Regelverstöße und deren Sanktionierung behandelt.

Die öffentliche Wahrnehmung hat aber auch eine problematische Seite. Denn Sensations- oder Tendenzjournalismus zeichnen oft ein verzerrtes Bild von Unternehmern und stellen sie unter Generalverdacht. Nach oberflächlicher Recherche werden zu schnelle Urteile gefällt.

Ein solcher Journalismus bedient sich manchmal vertraulicher Informationen, die gezielt – gelegentlich sogar von Staatsanwaltschaften – durchgestochen werden. Ziel ist es, öffentlichen Druck aufzubauen, um zum Beispiel mit hohen Bußgeldern im Sinne von „Prozessökonomie" problematische Strafverfahren zu beenden. Hierdurch können Teile des Rechtssystems in Gefahr gebracht werden.

5.3 Globalisierung, Digitalisierung und Künstliche Intelligenz
verändern die Voraussetzungen für verantwortliches Handeln

Durch die Instrumente der Digitalisierung werden Unternehmen,
Märkte, Produkte und Dienstleistungen immer transparenter. Es
entstehen globale Wertschöpfungsketten. Die Dynamik der Ver-
änderungsprozesse nimmt rapide zu. Technisch-wissenschaftli-
ches und organisatorisch-administratives Wissen wird jederzeit
weltweit verfügbar. Arbeitsteilung und Spezialisierung steigen
weiter an.

Der technische Fortschritt wird schneller genutzt. Güter und
Dienstleistungen können billiger bereitgestellt werden. Insgesamt steigt der Wohlstand. Dagegen steht der weltweit ver-
schärfte Wettbewerb auf allen Märkten und in allen Branchen.
Weitreichende Entscheidungen müssen zunehmend unter Zeit-
druck getroffen werden. Die Allokation von Kapital und Investitionen wird durch veränderte Kriterien und ihre neue Gewich-
tung bestimmt:

Wo sind die Kosten kurzfristig am günstigsten? Wo wird das
höchste Marktwachstum erwartet? Wie können Lieferketten
optimal genutzt werden? Welches Geschäftsmodell verspricht
den höchsten Gewinn? Die Produktion folgt den niedrigsten
Kosten (Textilindustrie); die Hersteller gehen zu den Kunden
(Automobilindustrie). Die internationalen Wertschöpfungsketten schaffen zusätzliche Abhängigkeiten und sind störanfäl-
lig durch staatliche Eingriffe (Strafzölle, Brexit) und weltweite
Pandemien (Corona). Es entstehen neue Geschäftsmodelle wie
z. B. bei Yahoo, Facebook und Amazon mit weltweiten digitalen
Leistungsangeboten. Die Unternehmensleitungen werden mit
internationalen und interkulturellen Führungskräften besetzt.

Verstöße gegen bestehende und bisher akzeptierte Normen
werden häufiger, da in unterschiedlichen Ländern unterschiedliche Standards gelten und ein angepasster Normenkanon noch
nicht hinreichend entwickelt ist. Zudem sind Rechtssysteme

manchmal lückenhaft (China) oder werden nicht konsequent angewandt (Indien). Verstöße werden oft nicht sanktioniert (Russland). In dieser globalisierten Welt bekommt eine auf Gruppen hin orientierte Erfolgsethik offensichtlich erste Priorität.

Es gibt jedoch elementare ethische Standards, die in allen Kulturen gelten.[7] Das sind Ehrlichkeit (nicht lügen, nicht fälschen), Gerechtigkeit (nicht stehlen, nicht bestechen), Respekt (Menschen nicht entwürdigen, erniedrigen), Vorsorge (beachte die natürliche Umwelt, verschwende die Ressourcen nicht). Die konkrete unternehmerische Umsetzung dieser Standards können Glaubende aus ihrer Rückbindung an Gott vornehmen. Nichtglaubende folgen ihnen aus humanitären Gründen.

Die Diskussion über Künstliche Intelligenz eröffnet in Bezug auf die Unternehmensethik ein bisher noch recht freies Feld. Digitalisierung und der damit verbundene Einsatz von Künstlicher Intelligenz in Unternehmen bedeuten, dass Prozesse in Technik, Produktion und Verwaltung auf ein neues und noch nicht zu überschauendes Automatisierungsniveau gehoben werden. Es entfallen bisher notwendige Funktionen und damit Arbeitsplätze.

Das ist in traditionellen Industrieunternehmen von besonderer Bedeutung. Dies betrifft aber auch die Branche der Finanzdienstleistungen. Aufwendige Recherchen in deren Analyseabteilungen werden durch die Anwendung von Algorithmen ersetzt, die große Datenmengen untersuchen, kombinieren und Entscheidungen vorgeben.

Gleichzeitig entstehen neue Aufgaben, diese Prozesse zu entwickeln und zu steuern. Dafür werden Mitarbeiter mit ganz anderen Qualifikationen benötigt. Eine nachhaltige Verantwortungsethik fordert von Unternehmern, die Mitarbeiter darauf vorzubereiten, sie zu motivieren und entsprechend auszubilden.

Die Entscheidungen, Technologien der Künstlichen Intelligenz einzusetzen, müssen für die Mitarbeiter transparent und

---

[7] Küng, Hans, Anständig wirtschaften, 256ff.

nachvollziehbar sein, so zum Beispiel in Technikunternehmen, in denen die Ergebnisse aus der Produktentwicklung automatisiert an die Arbeitsvorbereitung und von dort in die Produktion und die Qualitätssicherung weitergegeben werden. Wenn Maschinen in automatisierten Prozessen selbständig interagieren, müssen Schnittstellen definiert sein, an denen Menschen kontrollierend und steuernd eingreifen können. Die rechtliche und ethische Verantwortung bleibt immer bei den Menschen.

5.4 Großunternehmen und spezifische Branchen sind anfälliger für Normenverletzungen

Großunternehmen sind gekennzeichnet durch eine starke hierarchiebestimmte Durchsetzung von Zielvorgaben und die weitreichende Delegation von Verantwortungen. Gleichzeitig ist die Kontrolle der Umsetzung ethischer Leitlinien erschwert. Da in solchen Unternehmen die Karriere von Managern weitgehend über den wirtschaftlichen Erfolg gesteuert wird, sind die Gefahren latent, sich intern über Normen hinwegzusetzen und ihre Verletzungen zu ignorieren. Hierfür anfällig sind unter anderem der Großanlagenbau, die Bau- und Automobilindustrie sowie Unternehmen der Wehrtechnik.

Großprojekte haben lange Laufzeiten mit vielen Verantwortlichen. Bei öffentlichen Aufträgen, insbesondere in „Problemländern", spielen persönliche und finanzielle Interessen auch aus der Politik oft eine entscheidende Rolle. Die Chancen der Auftragsvergabe sollen durch die Gewährung von Vorteilen oder durch Preis- und Wettbewerbsabsprachen gefördert werden. Die Vergehen in diesem Zusammenhang werden durch die einschlägigen Regelungen im Strafrecht und im Steuerrecht geahndet.

Korruption erzeugt Angst, schafft Abhängigkeiten und erhöht Verstrickungen. Ökonomisch verfälscht sie den Wettbewerb und in politischer Hinsicht verzerrt sie Prozesse der Entscheidungsfindung. Die Beteiligten verstoßen gegen die Pflichten ihres Amtes. Die Gesinnungsethik der Einzelnen wird ausgehebelt. Die Erfolgsethik einzelner Gruppen erhält Vorrang und wird nicht eingebettet in eine ein Gleichgewicht bildende Verantwortungsethik.

Neben den ökonomischen Auswirkungen der hohen Kosten und Strafzahlungen, die zu Verlusten und zu Steuerausfällen führen, lähmen langwierige Untersuchungen sowie Straf- und Zivilprozesse die Unternehmen. Innovationen und Investitionen werden gefährdet. Der Verlust des Vertrauens in die Eliten beschädigt die soziale und wirtschaftliche Ordnung.

5.5 Gesellschaftliche Verantwortung in der Führung von Unternehmen braucht Verbündete

Die mediale Öffentlichkeit ist trotz der beschriebenen Einschränkungen und Bedenken ein wichtiger Verbündeter, weil sie gegen das menschliche Vergessen arbeitet. Allgemein anerkannte Regelwerke, wie der Kodex Corporate Governance, sind hilfreich, wenn von den Protagonisten die Regeln auch eingehalten werden. Internationale Vereinigungen für ethisches Verhalten und gegen Korruption haben Einfluss. Beispiele hierfür sind Nichtregierungsorganisationen wie Transparency International, die Initiative Partnering Against Corruption des Weltwirtschaftsforums, Lobby Control und die Stiftung Weltethos.

Entscheidend sind aber vor allem die internen Verbündeten. Vorbildliches Verhalten im Unternehmensalltag auf allen Managementebenen strahlt aus und schafft Vertrauen. Alle Führungsebenen müssen regelmäßig präventiv auch an konkreten Beispielen geschult werden. Der Führungsnachwuchs sollte für die verschiedenen Aspekte der Unternehmensethik frühzeitig sensibilisiert werden. Das kann schon in der akademischen Ausbildung geschehen, zum Beispiel beim Ökonomiestudium, in der Verhaltensökonomie oder in den praxisorientierten

Managementschulen. In den Studiengängen für Maschinenbau, Elektrotechnik, Elektronik oder Informatik werden Seminare zur ethischen Einordnung von technischen Möglichkeiten angeboten.

Auch im Jurastudium sollten komplexe wirtschaftliche Zusammenhänge, in denen Gesetzesverstöße schon angelegt sein können, dargestellt werden. In einer globalisierten Welt sollten Fragen von kultureller Sensibilität und Universalität elementarer Normen eine wichtige Rolle spielen. Die zunehmende Internationalisierung der Studiengänge an deutschen Hochschulen, Studienaufenthalte weltweit und der Austausch unter den internationalen Studierenden bieten hierfür viele Chancen. Deutsche Führungskräfte, die auf verantwortliche Positionen in andere Kulturen entsandt werden, müssen auf unternehmensethische Konflikte vorbereitet sein.

Ein sogenannter Whistleblower kann im Unternehmen zum Verbündeten werden. Das ist ein Mitarbeiter, der auf interne Normenverstöße, Missstände oder drohende Gefahren hinweist.[8] Er befindet sich in einer schwierigen persönlichen und sachlichen Entscheidungssituation. Finanzielle oder berufliche Eigeninteressen dürfen seine Entscheidung nicht bestimmen. Mögliche Folgen für ihn persönlich und seine Familie (drohender Arbeitsplatzverlust) oder in seinem Arbeitsumfeld (Mobbing) sind zu bedenken. Zunächst muss der interne Weg beschritten werden. Dies kann offen geschehen über die Vorgesetzten, eine interne Compliance Abteilung oder anonym über eine Ombudsstelle im Unternehmen. Vor diesem Schritt ist zu prüfen, ob der Verstoß von hinreichender Bedeutung ist und ob die zugrunde liegenden Informationen relevant und belastbar sind. Wenn alle internen Möglichkeiten, die Regelverstöße aufzuklären und die Missstände zu beseitigen, ausgeschöpft sind und erfolglos bleiben, ist der Schritt nach drau-

---

[8] Mele, Domenec, Business Ethics in Action, Basingstoke 2009, 140f.

ßen zu überlegen. Als Adressaten für Hinweise kommen staatliche Behörden oder die Medien in Betracht. Für die Motivation des Whistleblowers sind Unternehmenskultur und Vertrauensklima letztlich entscheidend.

Der Hinweisgeber muss sich im Klaren darüber sein, welchen Schaden er seinem Unternehmen gegebenenfalls zufügt und ob es sich bei seinen Informationen um Geschäfts- oder Betriebsgeheimnisse handelt, deren Weitergabe strafbewehrt ist (§§ 203f., 266 StGB und § 17 UWG). Das Gesetz zum Schutz von Geschäftsgeheimnissen bewahrt den Hinweisgeber nur vor Strafverfolgung, wenn die Aufdeckung von öffentlichem Interesse ist. Die EU-Whistleblower Richtlinie aus dem Jahr 2019, die innerhalb von zwei Jahren in deutsches Recht umgesetzt werden muss, ist deutlich weiter gefasst und soll ihn auch vor Vergeltungsmaßnahmen im Unternehmen schützen. Für Beamte ist gemäß § 37 Abs. 3 des Beamtenstatusgesetzes bei Hinweisen auf Korruptionsverdacht die Verschwiegenheitspflicht aufgehoben.

Die Medien prüfen vor einer Veröffentlichung von Hinweisen deren Belastbarkeit schon aus eigenem Interesse. Für sie gilt immer das Vetorecht der Quellen. In gerichtlichen Auseinandersetzungen steht den Medien zum Schutz des Hinweisgebers das Zeugnisverweigerungsrecht zu (§ 53 Abs. 1, 5 StPO).

Auch wenn Verbündete die Träger der Verantwortung unterstützen und im Unternehmen eine Kultur gesellschaftlicher Verantwortung gepflegt wird, zeigt sich das ethische Dilemma doch immer im konkreten Fall. Die Spannung zwischen ökonomischer Rationalität und ethischer Ausrichtung führt Unternehmer in den tiefen Ernst ihrer persönlichen Verantwortung und erfordert auch die Bereitschaft, wirtschaftliche oder sogar gesellschaftliche Nachteile in Kauf zu nehmen.

III.
Ethische Maßstäbe in der Finanzwirtschaft

Roland Koch

Freiheit oder Zwang – Woher kommen ethische Maßstäbe in der Wirtschaft?

Die freiheitliche Wirtschaftsordnung beruht auf der Annahme, dass die Summe der mobilisierten Egoismen der einzelnen Teilnehmer am Wirtschaftsleben letztlich die besten Resultate für Wohlstand und Gemeinwohl erbringen. Schon seit Adam Smith sprechen wir jedoch auch über die Beiträge der unsichtbaren Hand des Marktes einerseits und andererseits die ordnende Hand des Staates, deren Berechtigung das gedeihliche Auskommen in einer nach innen und außen friedlichen und nachhaltigen Gesellschaft ist.

Die Debatte über dieses Spannungsfeld ist also alt. Die Entwicklung der marktwirtschaftlichen Ordnung hin zu einer Sozialen Marktwirtschaft beschreibt bis zum heutigen Tag am besten die grundlegende Begrenzung der egoistischen Gewinnorientierung. Der Gewinn ist zweifellos das wesentliche Selektionskriterium marktwirtschaftlichen Erfolgs. Aber die ordnungspolitischen Rahmensetzungen der Sozialen Marktwirtschaft definieren die gesetzlichen Vorgaben, um die Orientierung am Gemeinwohl für alle Marktteilnehmer nicht aus den Augen zu verlieren. Das Verhältnis der beiden Sphären zueinander entspricht einem dynamischen System. Von beiden Perspektiven werden die Gewichtungen der beiden grundlegenden Motivationen immer wieder hinterfragt. Man wird wohl akzeptieren müssen, dass es sich dabei um ein Spannungsfeld handelt, das niemals zu einer vollständigen Übereinstimmung zu bringen ist.

Je mehr die moderne Gesellschaft die grundlegenden Existenzfragen von Hunger, Arbeit, Altersversorgung, Bildung und

Gesundheit als grundsätzlich geklärt ansah, kamen andere ebenfalls wichtige gemeinwohlorientierte Gestaltungsherausforderungen für eine moderne Gesellschaft auf die Tagesordnung. Die Herausforderung heute ist es, neben den Zielsetzungen erfolgreichen Wirtschaftens auch die Sicherung der Verfügbarkeit unserer natürlichen Ressourcen und des stabilen Weiterexistierens unseres Planeten zur Priorität des Handelns zu machen. Darüber hinaus haben Fragestellungen wie Gleichberechtigung, Respekt für Diversität und der Schutz der Privatsphäre des Einzelnen vor den immer mächtiger werdenden Fremdbestimmungspotenzialen der Technik einen Stellenwert, den man sich noch bei Gründung der Bundesrepublik Deutschland und damit der Schaffung des Systems der Sozialen Marktwirtschaft nicht vorstellen konnte. Auf das zuvor beschriebene dynamische System hat das erheblichen Einfluss.

Wenn viele Menschen sich heute die Vereinbarkeit der Sozialen Marktwirtschaft mit der zufriedenstellenden Gestaltung ihres persönlichen Lebensraums und die Sicherung einer guten Zukunft ihrer Kinder nicht mehr vorstellen können, so liegt das weniger an der Veränderung der Mechanismen einer marktwirtschaftlichen Ordnung, sondern vielmehr an den erheblich gewachsenen und sehr detaillierten Anforderungen des einzelnen Bürgers an die Leistungsbilanz der wirtschaftlich handelnden Akteure. Für die Entscheidungen der Unternehmensleitungen hat dies beachtliche Konsequenzen. Sie müssen sich darüber im Klaren werden, welche der Gestaltungsanforderungen der Gesellschaft zugleich der Erreichung des eigenen, egoistischen Unternehmenszweckes dienen und welche ausschließlich deshalb zu befolgen sind, weil sie mit gesetzlichem Zwang zur Vorbedingung legalen wirtschaftlichen Handelns gemacht werden. Eine Reduzierung ihrer Orientierung allein an den gesetzlichen Vorgaben würde dabei entweder zu einer noch dramatischeren Regulierungsflut führen oder aber die Zustimmung zu dieser Wirtschaftsordnung gefährden.

Der Maßstab für die Beantwortung dieser Frage stellt sich in der heutigen Eigentümerstruktur der Unternehmungen oft anders dar, als dies aus Sicht vieler Wirtschafts- und Gesellschaftstheoretiker des 19. und des beginnenden 20. Jahrhunderts der Fall war. Der wesentliche Grund dafür ist die veränderte Ausprägung der Eigentümerrolle in einer modernen, kapitalmarktorientierten und arbeitsteiligen Welt. Der klassische Eigentümer-Unternehmer, sei es der örtliche Handwerker, seien es Alfried Krupp oder die Familie Siemens, hatte ein ökonomisches Ziel und gleichzeitig eine wie auch immer geartete eigene Wertvorstellung bezüglich der Zukunft der Gesellschaft, in der er leben wollte. Ob dies die Werte der christlichen Nächstenliebe, das calvinistische Streben nach Erfolg oder die skrupellose Ausnutzung von Macht zum eigenen Ruhm und Reichtum waren, war seine eigene Sache. Die Unternehmensziele und ihre Einpassung in die gesellschaftliche Wirklichkeit hatten und haben sicher auch in diesen Konstellationen Auswirkungen auf die wirtschaftlichen Ergebnisse, die sich letztlich im Gewinn einer unternehmerischen Aktivität zeigen. So kann man in der Lebensgeschichte vieler Unternehmer in sehr unterschiedlich großen wirtschaftlichen Einheiten die Spuren ihrer Wertgebundenheit gut nachvollziehen. Die Solidarität in der Kirchengemeinde oder der politischen Gemeinde, die Verantwortlichkeit für Sicherheitsstandards für die eigenen Arbeitnehmer, die Schaffung von Einrichtungen der Altersversorgung oder der Gesundheitsbetreuung für die Familien und die Gründung großer Bildungsinstitutionen sind damit verbunden. Letztlich hat man das eigene Vermögen zu einem bestimmten Teil zur Erreichung gesamtgesellschaftlicher Ziele aufgewandt und somit persönlich auf diesen Teil des Erwerbs verzichtet.

1. Antriebsmechanismen marktwirtschaftlicher Ordnung

Viele Wissenschaftler, die sich mit den Antriebsmechanismen marktwirtschaftlicher Ordnung beschäftigt haben, haben diesen nicht im unmittelbaren Unternehmenszweck im Sinne der Erlangung eines möglichst hohen Gewinns zur Geltung kommenden Motivationen immer skeptisch gegenübergestanden. Das prominenteste Zitat hierfür stammt von Milton Friedman: „[...] es gibt eine und nur eine soziale Verantwortung der Unternehmen, ihre Ressourcen zu nutzen und sich an Aktivitäten zu beteiligen, die darauf abzielen, ihre Gewinne zu steigern, solange sie sich an die Spielregeln halten, d. h. einen offenen und freien Wettbewerb ohne Täuschung oder Betrug betreiben."[1]

Dennoch blieb und bleibt es so, dass sich der Einzelunternehmer durchaus persönlich und im Kreis seiner Familie die Frage stellen durfte: „Rechnet es sich oder ist es mir das wert?" Mit dem Aufkommen der anonymen Kapitalgesellschaften, die heute den Standard der Finanzierung unternehmerischer Aktivitäten in unterschiedlichsten Ausprägungen darstellen, hat sich aus der wissenschaftlichen Debatte über die richtige Definition des Unternehmenszwecks auch eine rechtliche Debatte entwickelt. Die Investoren kennen im Detail oft die mit ihrem Kapital finanzierten Unternehmen gar nicht oder aber sie sind sich über die gesellschaftliche Rolle des Unternehmens mit ihren übrigen anonymen Finanzierungs-Genossen gar nicht einig. Ja, sie haben diese Frage nicht einmal erörtern können. Das im Auftrag dieser Kapitalgeber tätige Management hat daher eine sehr viel engere Definition des Unternehmenszwecks im Auge zu behalten. Schließlich geht man davon aus, dass sie Profit abzuliefern haben, dessen Verwendung dann im Ermessen der einzelnen Kapitalgeber liegt, die dieses Ermessen mit

---

[1] Milton Friedman, „Die soziale Verantwortung besteht darin, die Gewinne zu steigern", New York Times, 13. September 1970.

der Investition in das Unternehmen keineswegs an das von ihnen häufig nur in Grenzen zu beeinflussende Management abzugeben beabsichtigten.

2. Gemeinwohl und unternehmerisches Handeln

Die Frage, wieweit Unternehmen an der Gestaltung der gemeinwohlrelevanten Auswirkungen des spezifischen unternehmerischen Handelns abseits des unmittelbaren eigenen Gewinnstrebens teilnehmen dürfen, ist daher heute umstrittener denn je. In den meisten Ländern mit entwickelter Rechtsordnung ist zudem die juristische Definition des Begriffes der „Untreue" in dieser Frage zu einem haftungsrechtlichen und strafrechtlichen Risiko des Managements geworden. Je enger jedoch der Unternehmenszweck in Bezug auf das Gemeinwohl gefasst wird, umso stärker ist in dem dynamischen Verhältnis von unsichtbarer Hand des Marktes und ordnender Hand des Staates nunmehr die ordnende Hand gefragt. Das nennen wir Regulierung. Wenn nahezu jede der gesamtgesellschaftlichen Verantwortung geschuldete Investition in einem nicht von direkten Eigentümern geführten Unternehmen nur legitimiert ist, wenn sie einer staatlichen Anordnung folgt, dann muss staatliche Regulierung im Sinne eines sozial friedlichen und von der demokratischen Mehrheit der Bevölkerung getragenen demokratischen Staates immer detaillierter und raumgreifender werden. Diese Entwicklung können wir in den letzten 50 Jahren deutlich verfolgen.

Ordnungspolitisch kann ein Eingriff in das Marktgeschehen nur gerechtfertigt werden, wenn der Markt versagt. Neben die drei klassischen Kategorien des Marktversagens, nämlich die Monopolbildung, die fehlende Internalisierung externer Kosten und die ungleiche Informationsverteilung, ist heute eine weitere Kategorie getreten, die ich als „Missachtung der sozialen Stabilität" bezeichne. Die gleichberechtigte Integration von Frauen und Männern in das Wirtschaftsleben und andere Fragen der Gleichberechtigung unterschiedlicher Lebensweisen und Einstellung sind hier das häufig genannte Beispiel. Aber auch die faire Behandlung von Verbraucherinteressen ist für die Beurteilung der Ineffizienz bezüglich der ungleichen Informationsverteilung heute von ungleich größerer Bedeutung, als dies vor einigen Jahrzehnten denkbar war. Den entscheidenden Durchbruch der Intensivierung der Regulierung hat sicherlich die Erkenntnis gebracht, dass der zügellose Umgang mit natürlichen Ressourcen zu einer Zerstörung der notwendigen Lebensgrundlagen führt und das Gewinnstreben hier in allen Konstellationen offensichtlich Rücksichtnahmen auf Gemeinwohl und Generationengerechtigkeit fast ausgeschlossen hat.

Die Regulierungsflut hat seit dem Beginn der Zeiten der modernen Industriegesellschaft, die man vielleicht mit dem Ende des Zweiten Weltkrieges gleichsetzen kann, in fast unüberschaubarer Zeit zugenommen. Auch heute wächst die Regulierungsdichte beständig an. Es hat immer wieder Zeiten gegeben, in denen diese dichter werdende Regulierung in öffentlichem Streit stand. Viele politische Forderungen zur Deregulierung und Privatisierung waren das Ergebnis dieser Tendenz. Spätestens seit der Weltfinanzkrise in den Jahren 2008–2010 sind diese Stimmen nahezu vollständig verstummt. Heute begegnet den politischen Entscheidern eine große Unterstützung, wenn sie zu immer mehr Regulierung und zu immer größerer Staatsbeteiligung vordringen. Die unsichtbare Hand verliert dabei ihre Beweglichkeit und das hat auf Dauer dramatische Folgen für Effizienz und Produktivität wirtschaftlichen Handelns und damit dramatische Konsequenzen für das Niveau und den weiteren Anstieg des Wohlstands.

Die Erwartung der Bevölkerung in den modernen Gesellschaften geht klar dahin, dass freiheitliches wirtschaftliches Handeln nur „geduldet" werden kann, wenn deutlich definierte gesellschaftliche und gemeinwohlorientierte Ansprüche damit möglichst verwirklicht, jedenfalls aber nicht außer Kraft gesetzt werden. Glücklicherweise sind aber auch die Investoren Teil dieser demokratischen Gesellschaft. Das Auftauchen ökologischer politischer Programme und die Unterstützung gerade auch durch die junge Generation von Investoren für fast monothematisch ökologisch orientierte Parteien zeigt dies in vielen Ländern deutlich. Wenn eigenständiges unternehmerisches Denken sich auch heute sehr häufig auf die Allokation von Kapital, sei es eigenes oder fremdes Kapital, konzentriert, gibt es nun neben dem Einzelunternehmer als eine dem Gemeinwohl wegen seines Wertegerüstes verpflichtete Instanz auch die Gestalt des verantwortlichen Kapital-Investors, der sich sozialen, ökologischen und anderen dem Gemeinwohl zugehörigen Zielen verpflichtet fühlt. Die Finanzindustrie hat diesen Bestrebungen schon vor einem Jahrzehnt durch neue Angebote unter dem Namen „Impact Investment" Rechnung zu tragen versucht. In diesen Anfangszeiten war eine solche Investition jedoch eine schmale Nische, die für den Investor immer mit einem Abschlag an der erwarteten Profitabilität verbunden war, durch die er dann vermeintlich seiner Gemeinwohlverpflichtung gerecht geworden ist. Aus diesen Anfängen sind wir inzwischen längst heraus.

3. Werteorientiertes Investieren

Werteorientiertes Investieren hat heute eine zentrale Bedeutung. Spätestens durch die Entscheidung der Vereinten Nationen, mit der Definition von 17 Nachhaltigkeitszielen einen weltweiten Standard zu schaffen, haben diese Entwicklungen einen großen und beständigen Schub bekommen. Damit sind wir zu Beginn der Zwanzigerjahre dieses Jahrhunderts bei einem Punkt angekommen, in dem der Gegensatz der reinen Profitorientierung des von anonymem Kapital getragenen Unternehmers gegenüber einer prinzipiellen Möglichkeit des Einzel-Unternehmers zur den persönlichen Werten verpflichteten Unternehmens-gestaltung in beachtlichem Umfang aufgehoben wird. Wenn der Unternehmenszweck die Verbesserung der Ertragssituation, also der Profit, ist, dann müssen heute gesamtgesellschaftliche Verantwortlichkeiten und die konzeptionelle Zweckbestim-mung des Unternehmens über die materiellen Ziele hinaus Teil der Unternehmensstrategie werden. Sie müssen Bestandteil der Unternehmenskommunikation der Führungskräfte sein und auf den Wert des Unternehmens bzw. der Marke einzahlen. Spätestens mit dem Brief des CEO von Blackrock, Larry Fink, hat sich dieses Verständnis von guter Unternehmensführung im Kapitalmarkt fest verankert. Wir sehen damit, dass diese Ziel-setzungen neben unzähligen gesetzlichen Vorgaben nun auch den eigensüchtigen Unternehmensinteressen im Sinne Milton Friedmans entsprechen.

Eigentlich wären wir nun in dem glücklichen Zustand, dass im beschriebenen dynamischen Verhältnis die ordnende Hand wieder gelassener werden und den Kräften der Selbstregulie-rung, der unsichtbaren Hand, den Vortritt lassen könnte. Doch auch jetzt versuchen politische Instanzen diese Entwicklung aufzunehmen und als Legitimation weiterer Regulierung zu nutzen. Auch für diese Position gibt es eine Legitimation. Wenn Investoren und Verbraucher diese neuen Bestrebungen bei der Definition des Unternehmenszwecks und die Erfolge bei der Realisierung dieser Bestrebungen zum Gegenstand ihrer Allokationsentscheidungen machen sollen, dann muss auch hierfür ein Markt geschaffen werden. Das bedeutet Verbind-lichkeit von Kriterien und Transparenz von Informationen. Die Einführung der verpflichtenden Berichterstattung über „nicht finanzielle Unternehmensvorgänge" war hier ein wichtiger Schritt. Die Tatsache, dass dazu Regelungen nicht nur auf der nationalen Ebene bestehen, sondern auch internationale Stan-dards gefunden wurden, macht dies sehr viel wirkungsvoller.

Und auch da sehen wir schon, dass diese Berichterstattung nur der erste Schritt zur Schaffung einer zwar marktwirtschaftlichen, aber auch streng reglementierten Betrachtung der gemeinwohlverpflichteten Unternehmensbestrebungen ist. Man darf Zweifel haben, dass diese weitere Usurpation durch die ordnende Hand wirklich angebracht ist. Immer mehr Anlage-Vehikel, also Investmentfonds oder andere Formen der alternativen Kapitalanlage binden sich schon heute an die überprüfbare Erfüllung von gemeinwohlorientierten Unternehmenszielen, die entlang der in der UNO gefundenen Definitionen zumeist unter dem Gesichtspunkt der Einhaltung sogenannter ESG-Standards bewertet werden. Wir werden in den nächsten Jahren sehen, dass Rating-Agenturen sich sehr mit diesem Thema befassen und wir haben heute schon Beispiele dafür, dass die standardisierte Messung einer großen Zahl von Verhaltensweisen, Produktionsbedingungen und Produkten oder Dienstleistungen unter Anwendung der Kriterien einer solchen ESG-Bewertung die Bewertung eines Unternehmens am Kapitalmarkt erheblich beeinflusst. Mit jeder gesamtgesellschaftlichen Krise, sei sie ökologischer oder finanzieller Natur, und mit jedem Fehlverhalten eines einzelnen Unternehmens werden diese Kennziffern eine größere Bedeutung erlangen.

Ohne allzu detaillierte staatliche Regulierung könnte man dies eine Weiterentwicklung der Bewertung der unsichtbaren Hand im Sinne von Adam Smith nennen. In der Tat wird hiermit nun endlich die wertegebundene Entscheidung des Einzelunternehmers durch wertegebundene Vorgaben der Investoren ersetzt, womit die Profitdefinition als reine Verzinsung von Kapital angemessen eingehegt wird. Da diese Entwicklung von erheblichem gesellschaftspolitischem Gewicht ist, motiviert dies aber leider auch die Politik, mit tieferen Einschnitten die ordnende Hand des Staates wieder stärker ins Spiel zu bringen. Auf der Ebene der europäischen Kommission sehen wir im Augenblick gerade die Entstehung der sogenannten „Taxonomie" im Rahmen der Finanzmarktregulierung. Daraus ist aktuell ein 600 Seiten umfassendes Regelwerk geworden, in dem alle durchaus unter marktwirtschaftlichen Gesichtspunkten richtigen Fragestellungen für Investoren nun auf einmal zu verbindlichen Kontroll- und Berichtspflichten für die Finanzdienstleister werden. Damit besteht nicht nur die Gefahr, sondern die hohe Wahrscheinlichkeit, dass die Ermächtigung der Politik die effiziente Zielerreichung gemeinwohlorientierter Unternehmensziele eher erschwert als erleichtert. Eine bürokratisch detaillierte Regulierung, die anschließend von Regulierungsbehörden durchgesetzt werden muss, nimmt jedem marktwirtschaftlichen Prozess die Dynamik. Ob es dem eigenen Unternehmenszweck dient und eigene Interessen mit der entsprechenden Motivation wahrgenommen werden oder nicht, spielt dann keine Rolle mehr. Die gesamte kreative Kraft der unsichtbaren Hand ist, wahrscheinlich in bester Absicht, am Ende wieder durch die ordnende Hand beschädigt worden.

4. Wertegebundene Regulierung

Die Entwicklung bezüglich wertegebundener Regulierung im Bereich des Kapitalmarktes zeigt in dramatischer Form das heute bestehende Misstrauen der Regierenden, ob Unternehmen wertegebundene Entscheidungen aus eigener Veranlassung wirklich treffen. Zugleich zeigt sich aber auch, dass diese negative Einschätzung von einer großen Mehrheit des demokratischen Elektorats geteilt wird. Hierin besteht eine Gefahr für eine wertegebundene Soziale Marktwirtschaft. Es ist den marktwirtschaftlichen Kräften im Rahmen des gesellschaftspolitischen Diskurses gelungen, marktwirtschaftliche Instrumente zu finden, um wertegebundene Entscheidungen in Unternehmen zu provozieren. Der über zwei Jahrzehnte grassierende Leitgedanke des „Shareholder Value" wurde dadurch relativiert, dass die Berücksichtigung der Interessen aller anderen Stakeholder, seien es Arbeitnehmer, die ein Unternehmen umgebende soziale Gemeinschaft oder die Umwelt, aus dem Markt heraus gefordert wurde. Damit wurde ein historischer Baufehler der kapitalmarktgebundenen Eigentümerstrukturen beseitigt. Das Management kann jetzt eine breitere Definition des Unternehmenszwecks vornehmen, ohne in die Gefahr der strafrechtlichen Untreue zu geraten. Gleichzeitig müssen Unternehmen heute ihren Zweck, neudeutsch häufig „Purpose" genannt, öffentlich darstellen, rechtfertigen und leben. Damit werden sie der Gedankenwelt eines Einzelunternehmers, vom Handwerker bis zum Mittelständler mit Milliardenumsatz, gleichgestellt. Im Sinne der langfristigen Legitimation der marktwirtschaftlichen Ordnung in demokratischen Gesellschaften und im Sinne der Legitimation des verantwortlichen Eigentums als wesentlichen Träger einer freiheitlichen Gesellschaft ist diese Entwicklung nur zu begrüßen.

Umso bedenklicher ist es, dass in unnötiger Weise und ausschließlich zum Zweck der Profilierung vor den eigenen Wählern der Staat versucht, diese marktwirtschaftliche Entwicklung mit kleinstteiliger bürokratischer Regulierung zu überlagern. Die Folge eines solchen Verhaltens sind nicht nur negative Motivationsstrukturen bei den unternehmerischen Entscheidern, denn sie müssen es jetzt tun und werden gar nicht mehr gefragt, ob sie es auch wollen. Es führt auch dazu, dass jede Innovation im Bereich des verantwortlichen Handelns immer unter dem Gesichtspunkt betrachtet wird, ob man damit rechtliche Regeln verletzt oder wiederum neue rechtliche Regeln mit zusätzlicher Einschränkung provoziert. In jedem Fall handelt es sich um eine Lähmung.

Unternehmerische Werte sind in einer freiheitlichen Gesellschaft unverzichtbar als Steuerungselement der vielen unsichtbaren Bewegungen, die trotz egoistischen Antriebs am Ende zu einem besseren Zustand des Gemeinwohls führen. Die Berücksichtigung solcher wertegebundener Motivationen bei unternehmerischen Entscheidungen in großen Kapitalgesellschaften hat erstmals seit Jahrzehnten wieder eine Chance. Die Politik sollte darauf achten, diese Chancen zu begleiten und nicht dadurch zu zerstören, dass man sich mit bürokratischen Regeln an die Stelle eines funktionierenden Marktes setzt.

Markus Ferber

Aspekte der Finanzethik – Eine Betrachtung aus europäischer Perspektive

Seit der Finanz-, Wirtschafts- und Staatsschuldenkrise steht der Finanzsektor unter besonderer öffentlicher Beobachtung. Viele Menschen haben mit großer Verärgerung beobachtet, wie Bankmanager unverantwortlich hohe Risiken eingegangen sind, Referenzwerte wie der LIBOR (London Interbank Offered Rate) manipuliert wurden, Finanzintermediäre fragwürdige Finanzprodukte verkauft haben und infolgedessen viele Kleinanleger einen großen Teil ihrer Ersparnisse verloren haben. Gleichzeitig wurden im Auftrag der Finanzstabilität Banken mit Milliardenbeträgen vor dem Untergang bewahrt – meist vom Steuerzahler.

Diese Erfahrung aus der Krise, die kaum zehn Jahre her ist, hat viele Menschen skeptisch gegenüber dem Finanzwesen an sich gemacht und eine Reihe aufsichtsrechtlicher, politischer, aber auch moralischer Fragen aufgeworfen. Die Europäische Union hat versucht, sich in den Jahren nach der Krise diesen Fragestellungen anzunehmen. Die folgenden Ausführungen zeigen am Beispiel konkreter Gesetzesinitiativen der vergangenen Jahre auf, wie ethische Erwägungen, wie Generationengerechtigkeit, das Haftungsprinzip und der Nachhaltigkeitsgedanke, europäische Wirtschafts- und Finanzgesetzgebung beeinflusst haben.

1. Finanzielle Nachhaltigkeit als Frage der Generationengerechtigkeit

Finanzielle Nachhaltigkeit ist eine Frage der Generationengerechtigkeit. Es ist ein Gebot des Anstands, dass die jetzige Generation nicht auf Kosten ihrer Kinder und Enkelkinder leben darf – das gilt in Fragen des Umgangs mit unserer Umwelt und des Ressourcenverbrauchs ebenso wie für die öffentlichen Haushalte. Im Idealfall sollte eine staatliche Einheit, sei es eine Kommune, eine Region oder ein Mitgliedstaat der Europäischen Union, nicht mehr Geld ausgeben, als sie zur Verfügung hat. Schließlich muss jeder Euro, der ausgegeben, aber nicht vorher eingenommen wurde, zu einem späteren Zeitpunkt zurückgezahlt werden – mit Zins und Zinseszins. Daher ist eine verantwortungsvolle Haushaltspolitik eigentlich ein Gebot der Fairness über die Generationengrenzen hinweg. Wird von diesem Grundsatz abgewichen, braucht es dafür eine überzeugende Begründung – etwa, dass mit den zusätzlichen Ausgaben zentrale Zukunftsinvestitionen (etwa im Bereich Infrastruktur) finanziert werden, die in der Zukunft eine reiche Dividende abwerfen.

Die Gründungsväter des Euro waren sich bewusst, dass mit einer gemeinsamen Währung nicht nur eine Verantwortung für spätere Generationen einhergeht, sondern jeder Mitgliedstaat auch eine Verantwortung für das Gelingen des Gesamtprojektes trägt. Deswegen enthalten die europäischen Verträge konkrete Vorgaben zur Haushaltsüberwachung der Mitgliedstaaten. Es gibt klare Obergrenzen für den maximal erlaubten Verschuldungsgrad (60 % des Bruttoinlandsprodukts) und für die maximal erlaubte Neuverschuldung (3 % des Bruttoinlandsprodukts). Beide Schwellenwerte sind als absolute Obergrenzen zu verstehen, die Mitgliedstaaten auch in schlechten wirtschaftlichen Zeiten die notwendige haushaltspolitische Flexibilität geben sollten.

Die europäischen Vorgaben sind notwendig, da es für die nationalen Regierungen stets Anreize für kurzfristige Ausgabenprogramme gibt, die nicht unbedingt mit den langfristigen Zielen des Staates übereinstimmen. So hat schon so manches Konjunkturpaket noch die Wiederwahl einer Regierung gesichert. Was passiert, wenn dieser Mechanismus außer Kontrolle gerät, haben wir in der Finanz- und Staatsschuldenkrise erlebt. Die griechische Regierung hat lange Zeit die günstigen Refinanzierungskosten, die die gemeinsame Währung mit sich brachte, genutzt und Geld ausgegeben, als gäbe es kein Morgen mehr. Das Ergebnis war eine Staatsschuldenkrise, die die gemeinsame Währung in eine existentielle Krise gestürzt hat – und die griechische Wirtschaft in eine jahrelange Rezession. Nach dieser Erfahrung sollte es eigentlich keinen Zweifel mehr an der Notwendigkeit einer verantwortungsvollen Haushaltspolitik im Euroraum geben.

Nichtsdestoweniger zeigt eine kritische Bestandsaufnahme des fiskalischen Rahmens vor allem eines: die europäischen Fiskalregeln funktionieren nur leidlich. Zwar befindet sich der Gesamtschuldenstand in der Eurozone schon seit einigen Jahren in einem leichten Abwärtstrend, aber Ende 2018 war der Gesamtschuldenstand in der Eurozone mit 85,1 % des BIP noch immer deutlich höher als vor der Finanz- und Wirtschaftskrise (2008: 68,7 %).[1] Gleichzeitig kommt es mit schöner Regelmäßigkeit zum Budgetstreit zwischen Europäischer Kommission und einigen Mitgliedern der Eurozone. Obwohl die Defizit-Kriterien regelmäßig verfehlt werden, kam es aber noch nie zu einer Sanktion. Die Europäische Kommission kommt ihrer Rolle als Hüterin der Verträge nur unzureichend nach und konzentriert sich vor allem auf die Flexibilität im Stabilitäts- und Wachstumspakt, nicht aber auf die zugrundeliegenden Regeln. Über die Jahre hat das dazu geführt, dass die Regeln immer granularer, komplexer und unberechenbarer geworden sind. Derzeit ist

---

[1] Eurostat (2019).

das Handbuch zur Interpretation des Stabilitäts- und Wachstumspakts über einhundert Seiten lang und es braucht 17 Schritte, bis ein klarer Verstoß gegen die Defizitregeln zu Sanktionen führt.

In der Summe zeigt sich, dass der Stabilitäts- und Wachstumspakt, der die Durchsetzung einer verantwortungsvollen Haushaltspolitik in der Eurozone zum Ziel hatte, zum Papiertiger geworden ist, der aber gleichzeitig immer wieder zum Streitpunkt zwischen Kommission und Mitgliedstaaten wird. Die Europäische Kommission hat sich in dieser Legislaturperiode vorgenommen, sowohl die Fiskalregeln als auch den Rahmen für die wirtschaftspolitische Steuerung zu überprüfen. Dabei müssen vor allem der Stabilitätsgedanke und die Berechenbarkeit im Vordergrund stehen. Die Defizitregeln müssen so ausgestaltet sein, dass sie antizyklisch wirken: Sie sollten eine Krisensituation nicht noch verschärfen und gleichzeitig dafür sorgen, dass in wirtschaftlich guten Zeiten fiskalische Puffer aufgebaut werden. Am wichtigsten jedoch ist, dass die Schuldenregeln am Ende auch glaubwürdig zur Anwendung gebracht werden und es eben keinen ellenlangen Ausnahmenkatalog gibt. Die Europäische Kommission hat in der Vergangenheit oftmals unter politischen Erwägungen entschieden und bei großen Mitgliedstaaten gern beide Augen zugedrückt. Diese Willkür führt zwangsläufig zu Konflikten und sollte in Zukunft vermieden werden. Vor diesem Hintergrund ist auch darüber nachzudenken, die Funktion der haushaltspolitischen Überwachung an eine Institution zu geben, die eben nicht politisch, sondern rein nach haushaltspolitischen Kriterien entscheidet. Der Europäische Stabilitätsmechanismus (ESM) hat in der Vergangenheit gezeigt, dass er unpolitisch und faktenbasiert entscheiden kann und eine solche Rolle entsprechend glaubwürdig wahrnehmen könnte.

Leider weisen die ersten Überlegungen der Europäischen Kommission hinsichtlich der Überarbeitung des Stabilitäts-

und Wachstumspaktes in die falsche Richtung. Anstatt die haushaltspolitische Überwachung zu stärken und das Haftungsprinzip besser zu verankern, gehen die Überlegungen in der Europäischen Kommission in die gegenteilige Richtung, indem eine weitere Flexibilisierung des fiskalischen Rahmens gefordert wird. Eine solche Flexibilisierung wäre im Ergebnis aber vor allem gleichbedeutend mit höheren Defiziten und weniger Generationengerechtigkeit.

2. Bankenunion: Verantwortungsethik bedingt Haftungsprinzip

Eine weitere Lehre der Finanz- und Wirtschaftskrise bestand darin, dass das Haftungsprinzip nicht so funktioniert hat, wie es sollte. Den zugrundeliegenden Gedanken hinter dem Haftungsprinzip hat Walter Eucken als einer der Gründungsväter der Sozialen Marktwirtschaft einst griffig mit den Worten zusammengefasst: „Wer den Nutzen hat, muss auch den Schaden tragen." In der Finanz- und Wirtschaftskrise haben wir zu oft gesehen, dass dieses Prinzip nicht zur Anwendung gekommen ist. Banken sind enorme Risiken eingegangen und als sich diese Risiken materialisiert haben, haben nicht die Banken, ihre Aktionäre oder ihre Gläubiger die Zeche gezahlt, sondern meist der Steuerzahler.

Diesem Problem hat sich der europäische Gesetzgeber im Nachgang der Finanz- und Wirtschaftskrise unter dem Stichwort „Bankenunion" angenommen. Die Kernidee der Bankenunion ist es, durch strenge regulatorische Vorgaben und eine strikte Finanzaufsicht dafür zu sorgen, dass sich eine Finanzmarktkrise, wie wir sie in den Jahren 2007–2009 erlebt haben, nicht wiederholen kann. Und sollte es trotz aller Vorkehrungen doch noch einmal zu Bankpleiten kommen, darf dafür nicht mehr der Steuerzahler haften.

Die Bankenunion kann man sich am besten als Haus vorstellen, das aus drei Säulen und einem soliden Fundament besteht.

Das Fundament der Bankenunion ist die Richtlinie und die Verordnung über Eigenkapitalvorschriften. Diese beiden Rechtstexte definieren zunächst, was überhaupt als Kreditinstitut anzusehen ist, nach welchen Kriterien Kredite vergeben werden dürfen, wie ausgegebene Kredite und operationelle Risiken mit Eigenkapital besichert werden müssen. Die einschlägigen Rechtsakte und die damit verbundenen Eigenmittelanforderungen wurden in den Jahren nach der Finanz- und Wirtschaftskrise zweimal deutlich verschärft.

Die erste Säule der Bankenunion ist eine gemeinsame Bankenaufsicht, die dafür sorgt, dass große, grenzüberschreitend tätige und systemrelevante Institute einem schärferen Aufsichtsregime, dem bei der Europäischen Zentralbank angesiedelten Gemeinsamen Aufsichtsmechanismus (SSM), unterworfen werden. Dadurch soll in der gesamten Eurozone für Großbanken ein einheitliches Aufsichtswirken sichergestellt werden, was gemeinsam mit den verschärften Eigenkapitalvorschriften dafür sorgen sollte, dass systemrelevante Banken keine unverantwortlich hohen Risiken mehr eingehen.

Die zweite Säule der Bankenunion sind die Vorgaben zur Bankenabwicklung, der gemeinsame Abwicklungsmechanismus. Diese Vorgaben dienen dazu, das Haftungsprinzip wieder besser im europäischen Recht zu verankern. Die Vorgaben zur Bankenabwicklung fußen auf zwei Rechtsakten, einem Richtlinienvorschlag für die Bankenabwicklung, der einen Rahmen für einheitliche Vorschriften für die Sanierung und Abwicklung von Banken vorsieht (BRRD), und einem Verordnungsvorschlag zur Errichtung eines einheitlichen Abwicklungsmechanismus, der auf der Richtlinie aufbaut und einen einheitlichen Mechanismus auf europäischer Ebene schafft (SRM). Die Kernidee dabei war, den Steuerzahler aus der Haftung zu nehmen und im Bedarfsfall eine harmonisierte, gründliche Bankensanierung durch die zuständigen Behörden zu ermöglichen. Im Kern besteht der Gemeinsame Abwicklungsmechanismus aus zwei

Ideen: einer so genannten Haftungskaskade und dem eigentlichen Fonds zur Abwicklung maroder Banken. Die Haftungskaskade gibt vor, wer im Falle einer Abwicklung zuerst für deren Kosten herangezogen wird (vom Aktionär über die Inhaber von nachrangigen bis zu den Inhabern regulärer Schuldverschreibungen). Damit ist klar, dass Anteilseigner, die im Erfolgsfall am stärksten vom Unternehmenserfolg profitieren, auch im Abwicklungsfall das größte Risiko tragen. Dies entspricht der Idee des Haftungsprinzips.

Erst wenn im Rahmen dieser Haftungskaskade mindestens 8 % der Gesamtverbindlichkeiten zusammenkommen, kann zusätzliches Geld aus dem Gemeinsamen Abwicklungsfonds bereitgestellt werden. Die Haftungsreihenfolge lautet also: Erst Eigentümer, dann Fremdkapitalgeber und dann die Finanzwirtschaft, die den Abwicklungsfonds finanziert. Und erst wenn der Abwicklungsfonds vollständig ausgeschöpft ist, steht der Steuerzahler in der Haftung. So weit sollte es aber eigentlich nicht kommen. Der Europäische Abwicklungsfonds (SRM – Single Resolution Mechanism) selbst soll zum Zieldatum (1. Januar 2024) mit einem Gesamtvolumen von insgesamt 55 Milliarden Euro befüllt sein (entspricht ca. 1 % der gedeckten Einlagen). Hinzu kommt künftig ein beim Europäischen Stabilitätsmechanismus angedockter Letztsicherungsmechanismus („Backstop") in ähnlicher Größenordnung.

Die dritte Säule der Bankenunion sind hohe gemeinsame Standards in der europäischen Einlagensicherung. Hier gibt es im Grundsatz zwei mögliche Ansätze: entweder eine gemeinsame europäische Einlagensicherung mit europäischer Haftung oder gemeinsame hohe Standards bei der Einlagensicherung, aber weiterhin nationale Haftung. Will man Fehlanreize vermeiden und das Haftungsprinzip durchsetzen, gibt es aber eigentlich nur die Lösung, vergleichbare hohe Standards auf nationaler Ebene durchzusetzen. Dies war auch die Entscheidung des europäischen Gesetzgebers im Jahr 2014, die seitdem aber mehrfach wieder in Frage gestellt wurde – nicht zuletzt durch einen Kommissionsvorschlag für ein vergemeinschaftetes europäisches Einlagensicherungssystem (EDIS).

Da ein schlecht designtes gemeinsames Einlagensicherungssystem mit der Gefahr schwerer Fehlanreize einhergeht, die das Haftungsprinzip auszuhöhlen drohen, muss bei jeglicher Diskussion über eine etwaige Risikoteilung sichergestellt werden, dass keine Altlasten in das neue System übertragen werden. Denn solche Altlasten, etwa in Form von hohen Beständen ausfallgefährdeter Kredite in den Bilanzen maroder Banken, sind ein grundsätzliches Problem für die Stabilität des Projekts Bankenunion insgesamt – und das gilt umso mehr, sollte man sich zwischen den Mitgliedstaaten doch für den Weg einer stärkeren Risikoteilung entscheiden.

Ein Schwerpunkt für die künftige europäische Bankenregulierung wird daher die Reduzierung von Risiken im europäischen Bankensektor bleiben müssen. Zwar gibt es europaweit einen grundsätzlichen Abwärtstrend, was die Quote ausfallgefährdeter Kredite angeht, in einigen Mitgliedstaaten sehen wir aber noch immer zweistellige Quoten. Darüber hinaus bleibt mehr als fraglich, welcher Anteil des Rückgangs auf konjunkturelle und welcher auf strukturelle Faktoren zurückgeht. Nachdem der europäische Gesetzgeber in der vergangenen Legislaturperiode bereits höhere Unterlegungsverpflichtungen für neue ausfallgefährdete Kredite verabschiedet hat, müssen nun die hohen Bestände angegangen werden. Dazu gehört einerseits ein geeigneter Rahmen für funktionierende Sekundärmärkte, andererseits ein beherztes Durchgreifen der Bankenaufsicht.

Ein weiterer Schwerpunkt im Bereich Risikoabbau sollte die regulatorische Behandlung von Staatsanleihen sein. In der letzten Krise, die auch eine Staatsschuldenkrise war, haben wir gesehen, dass es eine unheilvolle Verknüpfung von strauchelnden Banken und strauchelnden Staaten gab. Staatsanleihen sind keine risikolosen Finanzinstrumente und stellen ein Klumpenrisiko in den Bilanzen vieler Banken dar. Die logische Konsequenz aus diesem Befund muss sein, dass Staatsanleihen analog zu anderen nicht-risikolosen Finanzinstrumenten ebenfalls mit Eigenkapital unterlegt werden müssen. Angesichts der hohen Bestände in vielen Bankbilanzen wäre auch eine schrittweise Einführung einer solchen Regelung, die mit großzügigen Ausnahmen für Altbestände verknüpft wird, denkbar.

Deutliche und messbare Fortschritte in der Risikoreduzierung sind die Vorbedingung, dass wir über Schritte zur Risikoteilung, etwa in Form einer stärker europäisierten Einlagensicherung nachdenken können. Der Vorschlag der Europäischen Kommission aus dem Jahr 2015 für ein vergemeinschaftetes europäisches Einlagensicherungssystem (EDIS) hat sich sowohl im Europäischen Parlament als auch im Finanzministerrat als ausgesprochen kontrovers herausgestellt. Es wäre entsprechend geboten, das Thema noch einmal grundsätzlich neu zu beginnen. Die Europäische Kommission sollte daher den Vorschlag für ein vergemeinschaftetes europäisches Einlagensicherungssystem zurückziehen und auf Basis einer sorgfältigen Analyse des Umsetzungsstands der derzeit gültigen Einlagensicherungsrichtlinie einen neuen Vorschlag machen, der auf ein Rückversicherungssystem hinauslaufen und klare Bedingungen für dessen Inkrafttreten formulieren sollte.

3. Nachhaltigkeit im Finanzwesen – Finanzströme nutzen, um die Schöpfung zu bewahren

Das Thema Nachhaltigkeit hat in den vergangenen Jahren zu Recht einige Aufmerksamkeit erfahren. Wenn die nationalen, europäischen und internationalen Klimaverpflichtungen erfüllt werden sollen und der Wandel hin zu einer kohlenstoffärmeren Wirtschaft gelingen soll, müssen alle Wirtschaftsbereiche dazu beitragen. Und auch jenseits internationaler Verpflichtungen ist es ein Gebot der politischen Verantwortung, die Schöpfung zu bewahren und künftigen Generationen die Gelegenheit zu geben, ein selbstbestimmtes Leben zu führen.

Gerade dem Finanzsektor kommt eine Schlüsselrolle bei der anstehenden Transformation zu, da er eine besondere Lenkungswirkung im gesamtwirtschaftlichen Gefüge einnimmt. Es gibt am Markt sowohl bei Privatinvestoren als auch bei institutionellen Anlegern eine steigende Nachfrage nach nachhaltigen Finanzprodukten und nach verlässlichen Informationen über ebensolche Finanzprodukte. Diese Nachfrage kann genutzt werden, um die bestehenden Investitionslücken bei der Umsetzung der Klima- und Energieziele zu schließen.

Aus Sicht des Gesetzgebers muss es entsprechend insbesondere darum gehen, die richtigen Anreize zu setzen, um Investitionen in Projekte zu lenken, die gleichzeitig wirtschaftlich und nachhaltig sind und zur Transformation hin zu einer kohlenstoffärmeren Wirtschaft beitragen, ohne jedoch Fehlanreize zu setzen, die in Blasenbildung münden und zu Klumpenrisiken beitragen könnten. Ideen wie eine regulatorische Vorzugsbehandlung grüner Investitionen bei der Eigenkapitalunterlegung oder ein Herausrechnen von grünen Investitionen aus dem Haushaltsdefizit sind daher grundsätzlich abzulehnen.

Zum anderen muss es beim Thema nachhaltige Finanzierung darum gehen, privaten und institutionellen Investoren die richtigen Informationen an die Hand zu geben, um ihnen die Möglichkeit zu geben, durch kluge Investitionsentscheidungen an den Früchten der Transformation zu einer nachhaltigeren Wirtschaft teilzuhaben. Eine Taxonomie, die anhand sachlicher Kriterien nachvollziehbar definiert was ein nachhaltiges Investment ist, ist deshalb eine Vorbedingung für eine sinnvolle Diskussion über nachhaltige Finanzierung. Dabei sollten wir davon absehen, bestimmte Industriezweige grundsätzlich als nicht-nachhaltig zu klassifizieren, denn es sind genau diese Industriezweige mit einer bislang schlechten Ökobilanz, die am Ende das höchste Einsparpotential mit sich bringen.

Für den Privatanleger bedeutet eine nachvollziehbare Taxonomie, dass ihm diejenigen Informationen zur Verfügung gestellt werden, die für eine informierte Anlageentscheidung relevant sind. Auf keinen Fall darf die Offenlegung für nachhaltige Informationen am Ende dazu führen, dass der Kunde nochmals mit seitenweisen Zusatzinformationen überfordert wird. Wenn Nachhaltigkeitskriterien im Prozess der Anlageberatung abgefragt werden, muss klar sein, dass Nachhaltigkeitspräferenzen nur ein Kriterium unter vielen sein können. Aspekte wie die Risikofreudigkeit, der Anlagehorizont und die Verlusttragfähigkeit dürfen am Ende nicht zugunsten der Nachhaltigkeit ignoriert werden.

Ganz grundsätzlich sollten wir beim Thema Nachhaltigkeit auf Informationen und die richtigen Anreize setzen. Dabei dürfen wir die Wettbewerbsfähigkeit unserer eigenen Wirtschaft jedoch nicht aus den Augen verlieren. Abermals gilt es die richtige Balance zu finden, um einerseits der heutigen Generation ein Leben in Wohlstand zu ermöglichen und andererseits die Ressourcen unseres Planeten für künftige Generationen zu erhalten. Diese Aufgabe wird uns in den kommenden Jahren weiterhin beschäftigen.

4. Fazit: Ethische Erwägungen im europäischen Prozess der Finanzmarktgesetzgebung

Politik hat immer eine zukunftsgerichtete Dimension, da es darum geht, die Weichen dafür zu stellen, wie unsere Gesellschaft in Zukunft zusammenleben soll. Entsprechend spielen ethische Fragestellungen auch im europäischen Gesetzgebungsprozess eine Rolle. Während es in den Jahren unmittelbar nach der Finanz- und Wirtschaftskrise vor allem darum ging, die offenkundig falschen Anreizsysteme zu beseitigen und eine langfristig fiskalisch verantwortliche Haushaltspolitik wiederherzustellen, ist eine der zentralen zukünftigen Herausforderungen die Fragestellung, wie sich der Nachhaltigkeitsgedanke in die Finanzmarktregulierung integrieren lässt. Auch dabei gilt es, schwierige Abwägungsentscheidungen zu treffen, weshalb ethische Überlegungen auch in Zukunft eine Rolle haben werden.

Klaus Peter Müller

Was sind ethische Dimensionen in der Finanzwirtschaft?

Das Verhältnis von Moral und Wirtschaft ist Thema der abendländisch-christlichen Ethik seit den Tagen der griechischen Philosophie und des Alten Testaments.[1] Nach Mark Twain sind Banker Menschen, die bei gutem Wetter einen Regenschirm verleihen, ihn aber zurückhalten wollen, sobald es beginnt zu regnen. Und Bertolt Brecht meinte sogar, dass ein Einbruch in eine Bank weniger verwerflich sei als die Gründung einer Bank.

1. Reflektieren diese Kommentare wirklich Vorurteile?

Ein Rückblick auf die Wirtschafts- und Finanzkrise von 2008/2009 mag eine besonders kritische Einstellung auch aktuell bestätigen. In der Tat dominierten nach der High Tech Blase um den Jahrtausendwechsel – vor allem ausgehend von den Finanzzentren New York City und London – Profitsucht und Gier das Geschäft an den Geld- und Kapitalmärkten. Stark überhöhte Gehälter und garantierte, zum Teil nicht am Erfolg der eigenen Arbeit orientierte Bonifikationen für Investmentbanker und Händler schienen nach oben keine Grenzen zu zeigen, wobei Boni im zweistelligen Millionen-€-Bereich Ausnahmen, aber erschreckenderweise möglich waren.

---

[1] Vgl. dazu die Publikationen von Prof. Dr. Karl Homann, 1999 erster Inhaber des Lehrstuhls Philosophie und Ökonomik, Ludwig-Maximilians-Universität München.

In den Management-Etagen nahezu aller großen börsennotierten Unternehmen stiegen die finanziellen Ansprüche ebenfalls, meist begünstigt von steigenden Kursen der im Kompensationspaket angedienten Aktienoptionen. Schließlich erfasste die Gier nach höheren Renditen zunehmend die institutionellen Investoren und im Schlepptau folgen die in der Regel weniger professionellen privaten Anleger. Das Ergebnis dieser Spirale aus Profitsucht und Gier ist hinlänglich bekannt, der Vertrauensschaden ist enorm und nur über längere Zeiträume wird der Glaubwürdigkeitsverlust wiedergutzumachen sein.

Wie konnte es zu diesen Entwicklungen kommen? Sind wir gegen Wiederholungen gefeit?

Ich würde gern Letzteres bestätigen, kann es aber zur Jahresmitte 2020 nur bedingt tun. Wenn das Handeln der Menschen mehr von Profiten und Eigennutz als von Werten und ethischen Rahmenbedingungen geprägt wird, ist es nicht sinnvoll, dies zu beklagen und an vermeintlich gute, sprich bessere vergangene Zeiten zu erinnern, vielmehr gilt es, nach den Gründen für diese Entwicklung zu forschen. Gute und schlechte Menschen, edles, gutes und ebenso böses Tun sind keine Erfindung der Neuzeit, sondern Bestandteil der Geschichte der Menschheit. Ethische Leitplanken und moralische Gradmesser finden sich u. a. in unseren Wirtschafts- und Gesellschaftsordnungen. Der Epoche des Feudalismus folgte die des „Kapitalismus", meist angelsächsischer Prägung (Adam Smith, 1723–1790), wobei moderate Ökonomen und Politiker heute den Begriff der „Marktwirtschaft" bevorzugen. Diese Form der Wirtschafts- und Gesellschaftsordnung ist in einer Vielzahl von Staaten – insbesondere in Nordamerika und Großbritannien – prominent vertreten. Ende des 18. Jahrhunderts und vor allem im Frankreich des 19. Jahrhunderts (Charles Fourier, 1772–1837) wuchs eine sogenannte „frühsozialistische Bewegung", die allerdings erst durch Karl Marx (1818–1883) eine sozialwissenschaftlich fundierte Analyse erhielt. An Versuchen, zu einer sozialistischen Wirtschaftsordnung zu kommen, hat es in den letzten ca. 150 Jahren nicht gefehlt. Der Zusammenbruch der sozialistischen Strukturen und der Zerfall des Warschauer Pakts waren eine Folge der von Michail Gorbatschow mit Perestroika und Glasnost (1985–86) eingeleiteten Reformen. Die in der Bundesrepublik Deutschland entwickelte und bis heute klar präferierte „Soziale Marktwirtschaft", maßgeblich mit den Namen des Ökonomen Alfred Müller-Armack und des Politikers Ludwig Erhard verbunden, ist sicher mehr als eine abgemagerte Version der kapitalistischen Marktwirtschaft oder eine aufgemotzte Version des real existierenden Sozialismus. Dies wird nicht zuletzt erkennbar durch den Einfluss der katholischen Soziallehre (Rheinischer Kapitalismus) auf die Gestaltung der „Sozialen Marktwirtschaft". Die hier verkürzten Definitionen von Kapitalismus – Sozialismus – Sozialer Marktwirtschaft allein erklären die unterschiedlichen Ziele und Wertegerüste dieser Gesellschafts- und Wirtschaftsordnungen noch nicht in ausreichendem Umfang.

2. Wie entstehen Werteordnungen und wie und von wem werden sie vermittelt?

Der Kürze wegen mag der Hinweis auf die Zehn Gebote und die humanen Werte jüdisch-christlicher Tradition und deren Einfluss auf die katholische Soziallehre ausreichen.

Wenn wir uns fragen, wo und von wem uns Werte vermittelt wurden, wird schnell klar, die erste und – wie ich meine – besonders prägende Vermittlung erfolgt in der Familie, primär von den Eltern und Geschwistern. Es folgen Kindergärten, Schulen, die Berufsbildung, die Universitäten und in allen Etappen die Kirchen. Hierbei ist in den letzten Jahrzehnten ein rapider Rückgang der Präsenz der Kirche und ihrer Vertreter aus dem öffentlichen

Leben zu verzeichnen bzw. zu beklagen. Der Einfluss der christlichen Religionen ist von Jahrzehnt zu Jahrzehnt zurückgegangen und damit die historisch prominente, kardinale Rolle als Vermittler christlicher Wertvorstellungen. Diese mannigfaltigen Entwicklungen genauer zu analysieren und zu bewerten, übersteigen die Möglichkeiten dieses Beitrags.

In einem 2007 in der „Kath. Akademie DIE WOLFSBURG" gehaltenen Vortrag definiert Prof. Homann „die Spannung zwischen Wettbewerb und Moral" als „das Grundproblem einer Wirtschaftsethik für die Marktwirtschaft". Er hält einen Ordnungsrahmen für die Marktteilnehmer für erforderlich, nicht aber direkte Handlungsanweisungen.

Der von Michael Spangenberger in seinem Vorwort zu dem von ihm 2011 herausgegebenen Buch „Rheinischer Kapitalismus", dessen Lektüre auch heute noch zu empfehlen ist, besonders gewürdigte August Graf Henckel von Donnersmarck (OPraem) war einer der wenigen deutschen Theologen mit exzellenten Kontakten zu Spitzenmanagern der deutschen Wirtschaft. Sehr zu Recht würdigt ihn Spangenberger als geistlichen Begleiter vieler Unternehmenslenker, dem „stets bewusst war, dass die Ökonomie eine Werteordnung braucht, und dass der Dialog zwischen Kirche und Wirtschaft mit dem Bereich der Politik und anderen gesellschaftlichen Gruppen zu vernetzen war".

Dass es Graf Henckel von Donnersmarck geschmerzt hat, wie sehr führenden Vertretern der christlichen Kirchen die Kompetenz und das Verständnis für wirtschaftliche Zusammenhänge fehlten, wird ihm seitens des Verfassers unterstellt. Der nicht unbedingt für seine Nähe zu wirtschaftlichen Themen bekannte Kardinal Ratzinger hat 1986 wie folgt formuliert: „Eine Moral, die [...] die Sachkenntnis der Wirtschaftsgesetze überspringen zu können meint, ist nicht Moral, sondern Moralismus, also das Gegenteil von Moral."

Die Rolle der christlichen Kirchen darf nicht unterschätzt werden, zumal eine Begleitung von Entscheidungsträgern gerade in wirtschaftlich schwierigen Zeiten wichtige Orientierungshilfe vermittelt und zu einem besseren wechselseitigen Verständnis beiträgt.

Wenn also die Vermittlung der christlichen Bildung und Werte – von denen auch die Spitzenvertreter der Wirtschaft und der Banken geprägt sind – zumindest weitgehend in den letzten Jahrzehnten im Elternhaus geleistet werden musste, so fühlen sich viele Elternteile heute mit dieser Aufgabe stark gefordert, vielleicht sogar überfordert. Es fehlt also an Vermittlern, an geeigneten Beispielen, an Leitplanken auf dem Weg durch die Bildungsinstanzen. Dies soll mehr dem besseren Verständnis als der Entschuldigung dienen.

Ob Macht und Geld den Charakter verderben, sei dahingestellt, sie sind es aber, die ihn zeigen. Bei allem Verständnis dafür, dass Schüler, Auszubildende und Studenten in den 50er und 60er Jahren mehr christlich geprägte Begleitung erfahren haben, als dies in den letzten Jahrzehnten der Fall war, ist damit allein kein Fehlverhalten in moralischer und ethischer Sicht zu begründen. Wir brauchen deutlich mehr Zivilcourage und öffentliche Bekenntnisse zu christlichen Werten seitens prominenter Persönlichkeiten aus allen Bereichen des Lebens. Wir bedürfen einer Kirche, die sich bei allen theologischen Aufgaben als kompetenter Gesprächspartner verstehen muss und sich nicht von wirtschaftspolitischen Themen verabschieden darf. Larmoyante Predigten und moralisierende Belehrungen sind nicht hilfreich und zeigen kein Interesse an offenen, möglichst unvoreingenommenen Begegnungen. Zumal gerade die katholische Kirche schmerzliche Erfahrungen mit dem Versuch gemacht hat, mit Theologie gegen grundlegende Resultate der modernen Wissenschaft vorzugehen.[2]

---

[2] Ein mir gut bekannter Vorstandsvorsitzender hat im Verlauf seiner 20-jährigen Erfahrung als Topmanager jeweils ohne aktuellen Anlass und in zeitlichem Abstand drei Bischöfe jeweils zu einem Besuch im Unternehmen eingeladen bzw. seinerseits einen Besuch beim Bischof angeboten. Gemeinsam war allen Versuchen, dass die Gesprächsofferten schließlich angenommen wurden, trotz zu-

Es geht mir nicht darum, zu polarisieren und die Kluft zwischen den Kirchen und der Wirtschaft durch wechselseitige Schuldzuweisungen zu vertiefen. Wir können und wir sollten klare Positionen beziehen, im Elternhaus, den Bildungsinstitutionen wie im Beruf. Hier helfen Dialoge, Diskussionen und die Bereitschaft, zu einem besseren Verständnis Andersdenkender.

3. Woran hat es gefehlt, was ist zu tun?

Es wäre naiv zu glauben, dass sich die Menschheit von Profitsucht und Gier völlig losgesagt hat. Gleichwohl erscheint meiner Meinung nach der Wunsch nach immer mehr Wohlstand und Luxus heute weniger ausgeprägt als zum Beispiel vor 20 Jahren. Ob dies an wachsender Einsicht und der Rückbesinnung auf Werte liegt oder ob eine sensibilisierte Öffentlichkeit hierzu maßgeblich beiträgt, kann erst eine wissenschaftlich fundierte Studie aufzeigen.

Die Maßlosigkeit und die Übertreibungen in der Vergangenheit haben Widerstände ausgelöst, auf die Vertreter der Medien, der Kirchen und der Politik reagiert haben. Die Ansprüche an eine gute „Corporate Governance" sind deutlich gestiegen und selbst in der angelsächsischen Wirtschaftswelt ist kaum noch von reinem „Shareholder Value" und sehr viel mehr von den Interessen aller „Stakeholder" die Rede. Hohe ethische Standards sollten bemerkt und auch öffentlich gewürdigt werden. Auch und gerade ein ethisch vorbildliches Handeln bedarf der Anerkennung. Eine besondere Rolle hierbei kommt den Menschen zu, die aufgrund ihrer Funktionen, z. B. als Aufsichtsräte und Gesellschafter oder als konstruktiv-kritische Wegbegleiter, mehr Einblick, mehr Verantwortung haben und Einfluss neh-

---

nächst offen erkennbarer Skepsis und der Frage, worum es denn gehe und ob es angesichts der vielen Aufgaben des Bischofs denn wirklich so wichtig sei.

men können. Verstöße von Führungskräften sind keine Kavaliersdelikte und anders als Falschparken auch nicht nur mit geringen Bußgeldern zu belegen. Die ethischen Dimensionen, die Normen, die unser Verhalten bestimmen, gelten auch, aber natürlich nicht nur für die Vertreter der Finanzwirtschaft, sie gelten für alle Schichten unserer Gesellschaft.

4. Fazit

Zusammenfassend lässt sich festhalten:

1) Es bedarf immer wieder eines klaren Bekenntnisses zur Sozialen Marktwirtschaft und den Prinzipien christlicher Werte. Diese Bekenntnisse schließen jeweils prominente Vertreter aus Theologie, Wissenschaft und Unternehmen ausdrücklich ein.

2) Für Prof. Homann fungiert „Ethik als Prinzip zur Gestaltung von Ordnungen (formelle staatliche ebenso wie informelle), innerhalb dieser sich Banken und Kapitalmärkte bewegen, nicht jedoch nach Art direkter Handlungsanweisungen". Ich teile seine Meinung. Hier wird die Bedeutung der Spielräume des Einzelnen und der persönlichen Verantwortung für getroffene Entscheidungen noch einmal deutlich.

3) Der Einzelne sollte sich nicht verstecken, sondern zur übernommenen Verantwortung und ethischen Prinzipien bekennen. Die Vorbildfunktion all derer, die in und für unsere Gesellschaft besondere Verantwortung tragen, muss auch sichtbar im Handeln werden.

Damit zeigt sich: Es sind nicht Macht und Geld allein, die den Charakter verderben. Sie sind es vielmehr, die ihn zeigen, positiv wie negativ.

Autorenverzeichnis

Augustin, George
Dr. theol., Professor für Dogmatik und Fundamentaltheologie an der Philosophisch-Theologischen Hochschule Vallendar, Priesterseelsorger der Diözese Rottenburg-Stuttgart.

Deichmann, Heinrich
Dr. h.c., Inhaber sowie Vorsitzender des Verwaltungsrats und der geschäftsführenden Direktoren der Deichmann SE, Essen.

Engels, Ludwig
Dr. rer. pol., ehemaliger Vorsitzender in Aufsichtsräten im internationalen Maschinen- und Anlagenbau.

Ferber, Markus
Mitglied des Europäischen Parlaments, Vorsitzender der Hanns-Seidel-Stiftung.

Kirchdörfer, Rainer
RA, Vorstand der Stiftung Familienunternehmen, Honorarprofessor an der Universität Witten-Herdecke.

Koch, Roland
Dr. h.c. mult., Ministerpräsident a.D. von Hessen, Professor für Regulierungs-Praxis an der privaten Frankfurt School of Finance & Management.

Kögel, Rainer
Dr. iur., RA, Honorarprofessor an der Universität Witten-Herdecke.

Loh, Friedhelm
Dr. h.c., Inhaber und Vorstandsvorsitzender der Friedhelm Loh Group, Vizepräsident des BDI, Ehrenpräsident des Zentralverbandes Elektrotechnik- und Elektronikindustrie, Ehrenprofessor des Landes Hessen.

Müller, Klaus Peter
Vorsitzender des Stiftungsrates der Commerzbank Stiftung, Honorarprofessur an der Frankfurt School of Finance & Management.

Proft, Ingo
Dr. theol., Professor für Theologische Ethik, Gesellschaft und Sozialwesen an der Philosophisch-Theologischen Hochschule Vallendar; Lehrstuhlverwalter für Sozialethik an der Theologischen Fakultät Trier, Direktor des Ethik-Instituts Vallendar-Trier.

Schallenberg, Peter
Dr. theol., Professor für Moraltheologie und Ethik an der Theologischen Fakultät Paderborn.

Schwörer, Johannes
Geschäftsführer Schwörer Haus, Präsident des Hauptverbandes der Deutschen Holzindustrie (HDH).

Danksagung

Wir danken den Autoren des vorliegenden Bandes herzlich. Herrn Lukas Trabert gilt unser Dank für die redaktionelle Begleitung, Herrn Dr. Stefan Laurs, Frau Kristina Blum und Frau Ricarda Schlenke für die Betreuung des Manuskriptes sowie dem Verlag Herder für die stets gute Zusammenarbeit.